Contes et légendes de France

Contes et légendes de France

A Collection of French Tales

Andrée Vary

Mc Graw Hill **Glencoe**

New York, New York   Columbus, Ohio   Chicago, Illinois   Peoria, Illinois   Woodland Hills, California

Acknowledgments

My thanks to Claire Brouillet of Montréal, Canada and to Dr. Sheila Ribordy, of Chicago, who helped me in the research for this book; and to Phuong and Luc Heiligenstein, also of Chicago, for their comments on the text. Last, but not least, my gratitude to Tim Rogus of the National Textbook Company for initiating the project, and to Joseph Kinney, for his time in preparing the manuscript.

Glencoe

The **McGraw·Hill** Companies

Formerly published by National Textbook Company.
a division of NTC / Contemporary Publishing Group. Inc.

Send all Inquiries to:
Glencoe/McGraw-Hill
8787 Orion Place
Columbus, OH 43240

ISBN : 0-8442-1210-5
Printed in the United States of America
8 9 10 11 12 13 14 069 08 07 06 05 04 03

Contents

Introduction

The book you now hold in your hands presents tales and legends from all corners of France. The stories are abridged, illustrated, and accompanied by an introduction, vocabulary notes, and exercises, all in French.

Two main categories of tales and legends in France are represented here: the first are the tales of marvel, where the principal roles are held by the devil, fairies, and fantastic animals; and last are the funny tales—because French people of all regions have a funny bone. Indeed, I included several funny tales, since it is well known that the French like to laugh at, and play tricks on, people in authority, argue with their family members and neighbors, play with words, and otherwise contrive to have a full life.

Representing the first group of stories are "La Belle et la Bête," "La rose d'or," "Les Demoiselles," "Cendrillon," and "Celui qui savait le langage des bêtes." The second category is represented by "Le loup et le renard," "Plein les bottes et ras le bol," "Moitié-de-Poulet," "Jean le Bête," "Le voleur et le curé," "Les trocs de Jean-Baptiste," "Qui parlera le premier?" and, last but not least, "Nous trois pour de l'argent." Since you are putting so much effort in learning the French language, we will try to have you laugh as you learn.

French stories did not start with the seventeenth century. Indeed, many have come down through the ages from the time of the druids, before Christianity came to France. Others were developed in the Middle Ages and are a mix of ancient traditions with the newer catholicism, as exemplified in "Celui qui savait le langage des bêtes." Finally, for the purpose of this book, most stories are written as they would have been told in the mid-seventeenth to mid-eighteenth centuries, before the Revolution, when France was still divided in provinces and not in departments.

The legends and stories herein presented differ in form from the tales of Perrault and the fables of La Fontaine, with which the reader may already be familiar. Contrary to the written style of the tales and legends found in French literature, these stories are closer to the everyday spoken word. They reflect directly the speech of the *conteurs*, "tellers," those people from all over France whose words were taken down by talented and devoted researchers over the last hundred years. For more information on these authorities, see "More About French Tales and Legends."

To the Teacher

There are several points about this book which you might want to consider when planning lessons and exercises.

1. The level of the writing in these stories is not as formal as in the *Contes de Perrault,* for example. In French written fairy tales, it is usually hard to stay away from the *passé simple* and *passé antérieur,* not to mention the *imparfait du subjonctif.* You will not find these forms in this book.

2. In form, the stories are closer to speech, as they were copied and adapted from stories actually told by people, usually peasants or inhabitants of small villages and towns in the French countryside. One type of exercise might be to ask your most advanced students to retell the stories in a more literary form.

3. I have tried as much as possible to incorporate the new ACTFL proficiency guidelines, as Alice Omaggio defines and illustrates them in *Teaching Language in Context.*[1] (Dr. Omaggio's chapters on reading and listening comprehension are particularly interesting.)

4. Writing on the subject of reading comprehension, June Phillips demonstrates that readers usually have two goals: information and pleasure.[2] Since student reading usually seems to be geared more to the former than to the latter, I have tried to correct this imbalance by including several stories of a more humorous nature.

    Informed reading requires one to understand the facts of the text, but appreciation of the text's literary qualities (such as connotation, tone, structure) and of its relation to the reader's experience is also desirable.

    Conversely, in purely pleasurable reading, one does not need to go through all these steps, but may read for the sole purpose of gaining speed and skill. The comprehension tasks assigned at the end of each story, therefore, are intended to reflect the function of the text and the purpose of the assignment.

5. At all levels, preparation for reading is important. It helps "develop skills in anticipation and prediction" in the reader, as Omaggio points out.[3] Included in this step are looking at the title, the illustration, the first line of the text, and trying to predict or hypothesize what might come later.

    Then come the skimming/scanning stages. Phillips sees these as different steps: first, getting the gist; then, locating specific information. Practice in

---

[1] Alice C. Omaggio, *Teaching Language in Context, Proficiency-Oriented Instruction* (Boston: Heinle & Heinle, 1986).

[2] See June K. Phillips, "Practical Implications of Recent Research in Reading," *Foreign Language Annals* 17 (1984): 285-96.

[3] Omaggio, *Teaching Language in Context,* 157.

each of these skills is important, she feels. They can be acquired, among other ways, by paragraph-by-paragraph reading, identifying main ideas, paraphrasing the ideas, creating headlines for separate passages, and, finally, by making global judgments on a text.

Last, the decoding/intensive reading stage. Phillips feels that this stage, during which students are "learning to read" rather than "reading to learn," is most important. Translations are provided in the margins so that the reader can focus on the text and not have to search for definitions. When it comes to the comprehension stage, Phillips says that it is important to bring the student "through several phases of the reading process."[4] Finally, in order to ensure that the student has integrated the reading, "Phillips maintains that exercises should be used that help the student go beyond the confines of the specific passage to enhance reading skills and effective reading strategies per se. Exercises that encourage contextual guessing, selective reading for main ideas, appropriate dictionary usage, and effective rereading strategies to confirm hypotheses are among those identified as especially helpful at this stage."[5]

6. Each story is illustrated to facilitate comprehension. The various illustrations are intended to give contextual information, mostly from the middle to the latter part of each text, so that the reader has some visual information with which to anticipate the text.

7. The teacher should direct the student to do the exercises[5] in two steps. First come the exercises to be done before the reading itself, the preparation for reading. Then come the exercises geared to reading. These can be done at the same time that the first reading is under way, or following a first, quick reading. It is up to the teacher to decide. Also, there are usually from eight to ten exercises per text. (Not all of them need to be completed.) The exercises progress from identifying main ideas, to practicing new vocabulary, to specific questions on the text, and finally end with a discussion question. The more difficult questions are indicated by a ▇.

---

[4] Phillips, "Practical Implications of Recent Research in Reading," 294-95.

[5] Several exercises are adapted from models by Françoise Grellet, *Developing Reading Skills* (Cambridge, U.K.: Cambridge University Press, 1981).

More about French Tales and Legends

Both in France and in North America, there are researchers devoted to the preservation of the French oral tradition, because it exemplifies past and present French beliefs and modes of speech. But, to this writer, the French tales and legends are useful to the teacher because they readily demonstrate the French sense of humor. The Université Laval, in Québec City, has the most extensive French language folklore collection in North America. This rich collection includes French, Acadian, and Québécois legends. In Québec City, a group started by the late Professor Luc Lacourcière continues to do ground-breaking research and publishes actively.

Also of note is the University of Indiana in Bloomington. The late Geneviève Massignon, one of the leading scholars of tales and legends from her generation, left her papers to Indiana University, where work continues in research, translation, and analysis.

For those who would like to read more stories, tales, and legends, I have prepared a short bibliography of anthologies that I found most useful. Some anthologies cover all of France, while others cover folklore province by province. Most of the anthologies were published in one of four series, listed below.

Bibliography

1. Richesse du folklore de France. Paris: Presses de la Renaissance. Series directed by Claude Seignolle.

    Contes populaires et légendes du Berry et de la Sologne. Paris: Presses de la Renaissance, 1976.
    Contes populaires et légendes des Alpes. Paris: Presses de la Renaissance, 1976.
    Contes populaires et légendes de Provence. Paris: Presses de la Renaissance, 1974.
    Contes populaires et légendes du Limousin. Paris: Presses de la Renaissance, 1977.
    Contes populaires et légendes de l'Ile-de-France. Paris: Presses de la Renaissance, 1977.
    Contes populaires et légendes de Champagne. Paris: Presses de la Renaissance, 1978.
    Contes populaires et légendes d'Auvergne. Paris: Presses de la Renaissance, 1979.
    Contes populaires et légendes de Bretagne. Paris: Presses de la Renaissance.
    Contes populaires et légendes de Normandie. Paris: Presses de la Renaissance.
    Contes populaires et légendes de Guyenne et de Gascogne. Paris: Presses de la Renaissance.
    Contes populaires et légendes de Bourgogne. Paris: Presses de la Renaissance.
    Contes populaires et légendes du Languedoc et du Roussillon. Paris: Presses de la Renaissance.

2. Collection des Contes et légendes. Paris: Gallimard.

> Millien, Achille, and Delarue, Georges, ed. *Récits et contes populaires du Nivernais.* Paris: Gallimard, 1978.
>
> Cuisenier, Jean, ed. *Récits et contes populaires de Normandie.* Paris: Gallimard, 1978.
>
> Robert, Catherine, and Valière, Michel, ed. *Récits et contes populaires du Poitou.* Paris: Gallimard, 1979.
>
> Vallerant, Jacques, ed. *Récits et contes populaires de Lyon.* Paris: Gallimard, 1978.
>
> Fabre, Claudine, and Fabre, Daniel. *Récits et contes populaires du Languedoc 3.* Paris: Gallimard, 1978.
>
> *Récits et contes populaires du Nivernais.* Paris: Gallimard, 1978.
>
> Joisten, Charles, ed. *Récits et contes populaires du Dauphiné.* Paris: Gallimard, 1978.

3. Collection des Contes et légendes de tous les pays. Paris: Nathan.

> *Contes et légendes de la Marche et du Limousin.* Paris: Nathan, 1956.
> *Contes et légendes des Pyrénées.* Paris: Nathan, 1974.
> Hinzelin, Emile. *Contes et légendes d'Alsace.* Paris: Nathan, 1966.
> *Contes et légendes de la Bourgogne.* Paris: Nathan, 1962.
> Pitz, Louis. *Contes et légendes de Lorraine.* Paris: Nathan, 1957.
> Lannion, Philippe. *Contes et légendes de Normandie.* Paris: Nathan, 1960.
> Pézard, Fanette. *Contes et légendes de Gascogne.* Paris: Nathan, 1954.
> Mir, M., and Delample, F. *Contes et légendes du pays toulousain.* Paris: Nathan.

4. Contes merveilleux des Provinces de France. Paris: Editions Erasme, 1953-1956.

> Millien, A., and Delarue, Paul. *Nivernais-Morvan.*
> Massignon, G. *Ouest.*
> Perbosc-Cézerac. *Gascogne.*
> Maugard, G. *Pyrénées.*
> Méraville, M.-A. *Auvergne.*
> Cadic, F. *Basse Bretagne.*
> de Félice, A. *Haute Bretagne.*
> de Félice, A. *Berry et Poitou.*

5. Other. The most useful works are marked with *.

> Baudoin, René-F. *Légendes et contes de Provence.* Marseille: Editions H. Grimaud, 1987.
>
> Bladé, Jean-François. *Contes populaires de la Gascogne,* tome III. Paris: Maisonneuve Frères, 1886.
>
> Colle, Robert. *Légendes et contes d'Aunis et de Saintonge.* La Rochelle: Editions Rupella, 1979.

*Cosquin, Emmanuel. *Contes populaires de Lorraine comparés avec les contes des autres provinces de France et des pays étrangers, et précédés d'un essai sur l'origine et la propagation des contes populaires européens.* 2 vols. Paris: Vieweg, 1886.

Delarue, Paul. *Catalogue des contes français.* Paris, 1957.

*Dévigne, Roger. *Le légendaire des provinces françaises.* Paris: Horizons de France, 1950.

*Joisten, Charles. *Contes populaires du Dauphiné.* 2 vols. Grenoble: Musée dauphinois, 1971.

Lafforgue, Georges. *Contes, légendes et récits du pays catalan.* Paris: P. Belfond, 1978.

*Markale, Jean. *Contes populaires de toute la France,* several vols. Paris: Stock, 1980-.

Massignon, Geneviève. *Contes corses.* Aix-en-Provence: Publications de la faculté, 1963.

*——————. *De bouche à oreilles, le conte populaire français.* Paris: Berger-Levrault, 1983.

*Sébillot, Paul. *Contes des provinces de France.* Paris: Librairie Léopold Cerf, 1884.

Seignolle, Claude. *Contes populaires de Guyenne,* 2 vols. Paris: G.-P. Maisonneuve, 1946.

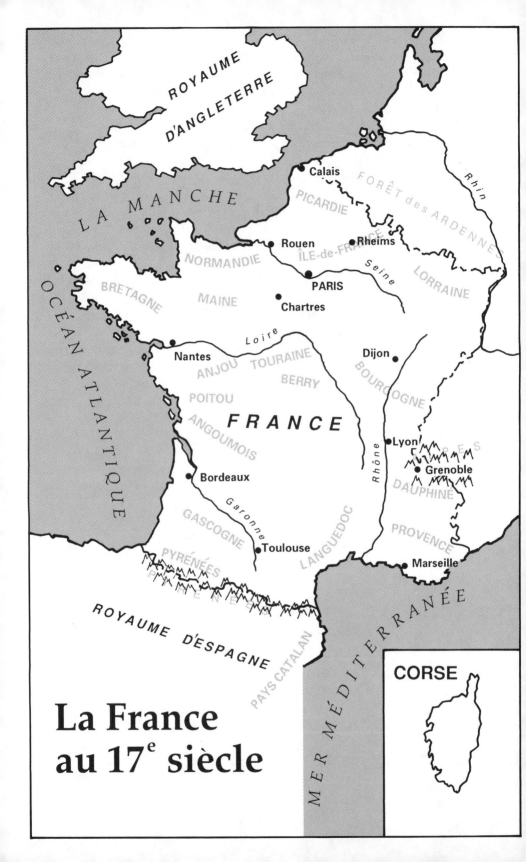

La France
au 17ᵉ siècle

1

LA BELLE ET LA BÊTE°

Bête Beast

Le premier conte de ce recueil,° très romantique, est un des plus connus de la langue française. On en compte soixante-six versions en France, et quarante-trois en Amérique du Nord. Ce conte était déjà célèbre dans la littérature écrite du dix-septième siècle, par la version de Mme Leprince de Beaumont. Cette version a été reprise dans le film de Jean Cocteau, avec Jean Marais dans le rôle principal, film qu'on trouve assez facilement dans les vidéothèques° d'Amérique du Nord.

recueil collection of stories

vidéothèque video club or video store

⮕   Il était une fois° un prince qui faisait un long voyage. Un jour il rencontre en route une fée° qui le trouve très beau, et qui le demande en mariage. Quand le prince refuse, elle se fâche° et le change en bête en lui disant:

— Tu resteras bête jusqu'à ce qu'une femme accepte de t'épouser.

Comme le prince a un château dans les environs,° il s'en va y vivre, et les années passent sans qu'il trouve à se marier. Dans la même région vit un riche marchand et ses trois filles.° Celui-ci va au marché une fois par mois vendre sa marchandise.° Un jour, avant de partir, il demande à ses filles ce qu'elles veulent qu'il leur rapporte.[1]

La première dit:

— Je veux une robe.

La seconde:

— Je veux une paire de souliers.

La troisième dit:

Il était une fois Once upon a time there was
fée fairy
se fâche becomes angry

dans les environs in the area

fille daughter

marchandise merchandise

---

[1] This part of the text is similar to "Cendrillon" *première partie* in chapter 10, where the father asks his three daughters what they would like as a present when he returns from his trip.

1

— Je veux une rose blanche, papa, s'il-te-plaît.

En ville, le père trouve facilement la belle robe et les beaux souliers, mais il doit quitter la foire° sans avoir trouvé de rose blanche pour la plus jeune. Sur le chemin du retour,° un gros orage° éclate, comme il se trouve au beau milieu d'une forêt.

Alors qu'il cherche un endroit pour se mettre au sec, il voit soudain° les grilles° d'un parc. Derrière celles-ci, il y a un magnifique château, apparemment° inhabité.° Il entre dans ce château pour s'y protéger de la pluie et y trouve la table mise.° Après avoir appelé sans qu'on lui réponde, il s'assoit et mange très bien. Son repas terminé, il se promène dans le château, mais n'y trouve personne. Finalement, il se couche dans une chambre qui semble toute prête à l'accueillir.°

Le lendemain matin, le soleil est de retour. Le marchand, qui n'a toujours vu personne, descend au jardin pour trouver quelqu'un à remercier de son accueil.° Et là, il voit un grand rosier° couvert de roses blanches. Vite, il en cueille° une. Au même moment sort de derrière le rosier une énorme Bête qui rugit°:

— Je suis le maître° ici! Pourquoi m'as-tu pris cette rose?

— C'est pour ma plus jeune fille, à qui j'ai promis une rose blanche.

— D'accord, tu peux l'emporter, mais ta fille devra venir prendre ta place ici, ou cela va te coûter° la vie!

Le père retourne chez lui, très triste,° car il aime beaucoup ses filles, la plus jeune, surtout.° Les deux aînées° ne pensent la plupart du temps° qu'à elles-mêmes, mais entre la plus jeune et son père existe un amour très tendre.° Aussi, malgré° les pleurs° du père, et ceux, plus hypocrites, des sœurs, la plus jeune lui dit finalement:

— J'y vais, mon père. Si je peux vous éviter° d'autres problèmes avec cette méchante Bête, je le ferai.

Et la jeune fille prend le chemin de la forêt et trouve le château. Après avoir visité le jardin dont la rose coûte si cher à son père, elle entre dans le château; la table est mise, un repas de roi est servi. Au milieu du repas, elle entend un grand bruit: c'est la Bête qui arrive. La jeune fille a très peur, mais la Bête lui dit:

— Ne crains° rien.

Puis, elle ajoute

— Je ne te ferai jamais de mal, et ne te veux que du bien. Ne l'oublie jamais.

↳ Tous les soirs, la jeune fille se met à table,° et la Bête arrive à la fin du souper. Au début, la jeune fille ne peut même pas regarder la Bête, tant celle-ci lui paraît laide. Avec le temps, cependant, elle s'habitue à sa douceur,° et à sa prévenance° envers elle. Les deux passent leurs soirées en tête-à-tête,° doucement, gentiment, et discutent de leurs lectures, de leurs idées, ou bien se promènent simplement ensemble. Souvent, la Bête demande à la jeune fille de l'épouser, et celle-ci lui répond toujours de la même manière : «Jamais, la Bête!»

Mais un soir, la Bête trouve la jeune fille en pleurs. Celle-ci s'ennuie terriblement de sa famille et a le pressentiment° que quelque chose va très mal chez elle. Elle supplie la Bête de la laisser se rendre chez son père, même pour quelques jours. La Bête lui dit alors qu'elle peut y aller, mais seulement pour sept jours. Si la jeune fille ne revient pas, la Bête, elle, mourra après ces sept jours. Avant de partir, la Bête lui donne un anneau° en disant que s'il devient couleur de sang, c'est qu'elle sera en grand danger. *Color of blood*

La jeune fille se rend rapidement chez son père qui, effectivement, est très malade. Celui-ci est si content de la revoir qu'il guérit tout de suite. Ses sœurs, jalouses, disent à leur cadette :° *to heal*

— Vous avez l'air d'avoir la vie belle là-bas; vous êtes encore plus jolie qu'avant votre départ.

— C'est vrai, répond-elle, la Bête est bien laide, mais d'une grande douceur, d'une belle intelligence, et j'ai beaucoup de plaisir en sa compagnie.°

Le train-train quotidien° reprend comme par le passé, et la jeune fille oublie sa promesse. Les sept jours passent comme dans un rêve. Rendue au septième, elle regarde son anneau, et voit soudain qu'il a changé de couleur. Il est devenu tout rouge. Quel choc! Elle va en courant dire à son père qu'elle part, que la Bête va mourir si elle ne revient pas. Et tout le long du chemin de retour, elle est très inquiète.

Une fois rendue au château, elle cherche la Bête partout, sans la trouver. Alors elle se sent devenir malade d'inquiétude, parce qu'elle s'y est attachée. Finalement elle la découvre sous le rosier, prête à mourir. La Bête n'a même plus la force de lever la tête à son arrivée. Alors, la jeune fille se met à° pleurer de désespoir :

— J'avais tellement de chagrin° de ne pas te voir. Ne meurs pas, je t'aime!

La Bête lui répond dans un murmure° :

---

se met à table sits down at the table (for a meal)

douceur sweetness

prévenance thoughtfulness
en tête-à-tête alone together

pressentiment foreboding

anneau ring

disent à leur cadette say to their younger sister

compagnie presence
train-train quotidien everyday routine

se met à starts
J'avais tellement de chagrin I was so sorry

murmure whisper

4

— Si tu veux m'épouser, je serai sauvé.

La jeune fille accepte et tout d'un coup, dans un grand éclair,° la Bête se transforme en un beau jeune homme. Alors, ils se marient et vivent longtemps heureux ensemble.

éclair streak of lightning

Exercices de compréhension

Avant la lecture

1. Avant de lire le conte, lisez le titre et regardez l'illustration. D'après vous, quel sera le sujet du conte? Donnez votre réponse oralement ou par écrit.

2. Maintenant lisez les paragraphes dont le début est indiqué par une ⇨. Conservez-vous toujours la même opinion sur ce qui sera le sujet du conte? Donnez votre réponse oralement ou par écrit.

Lecture du texte

3. Choisissez un sous-titre pour chacun des deux paragraphes marqués d'une ⇨ parmi les sous-titres donnés ci-dessous.

   a. Le beau jeune homme changé en Bête

   b. La fée qui veut épouser le prince

   c. La douceur des soirées de la Bête et de la jeune fille

   d. Comment la Bête et la jeune fille apprennent à se connaître et à s'apprécier

▌ 4. En faisant la lecture du texte, vous avez appris plusieurs nouveaux mots. En voici quelques uns: **chemin faisant, orage, triste, train-train quotidien, prendre goût à, avoir du chagrin.** Dans le passage qui suit, remplissez les espaces vides par le mot approprié. Il vous faudra conjuguer le verbe et/ou donner la forme voulue de l'adjectif ou du nom choisi.

Il était une fois un jeune homme qui voulait connaître l'aventure. Le _____ était si ennuyeux chez lui qu'il a finalement décidé de quitter la maison familiale. Un soir d'_____, il est parti de chez lui en se disant que maintenant il n'aurait plus besoin d'être triste. _____, il a rencontré une jeune fille avec qui il _____ la vie. La jeune fille l'a convaincu de rentrer chez lui, et que c'était à lui de cesser d'être _____, que d'_____ ne servait à rien. Il n'en tenait qu'à lui de décider d'être heureux.

5. Dans la phrase suivante, identifiez l'antécédent du pronom en italique:

> La jeune fille se rend rapidement chez son père qui est très content de la revoir, et ses sœurs, jalouses, *lui* disent....

Ici, à quoi ou à qui se réfère «lui»?

6. Dans le passage suivant, il faut trouver un synonyme pour chaque expression en italique. Les mots choisis indiquent l'ordre ou la cause des événements. *Note: il peut y avoir plus d'un bon choix pour chaque expression en italique.* Choisissez un synonyme dans la liste ci-dessous:

après	mais
comme	soudain
éventuellement	suite à

> *Alors qu'*il cherche désespérément un endroit pour se mettre au sec, il voit soudain les grilles d'un parc. *Derrière* celles-ci, il y a un magnifique château, apparemment inhabité. Il entre dans le château pour s'y protéger de la pluie, y trouve la table mise. Après avoir appelé sans qu'on lui réponde, il s'assoit et mange très bien. *Après* son repas, il se promène dans le château, mais n'y trouve personne. *Finalement,* il se couche dans une chambre qui semble toute prête à l'accueillir.

7. Choisissez un synonyme pour les mots ou phrases soulignés. Il vous faudra conjuguer le verbe, ou donner la forme appropriée de l'adjectif ou du nom choisi.

1. Je veux une paire de <u>souliers</u>.
2. Ta fille devra <u>prendre ta place</u> ici.
3. Elle <u>se rend</u> au jardin.
4. Quand tu <u>voudras</u> quelque chose…
5. La jeune fille <u>se met</u> à table…
6. <u>Elle s'ennuie de sa famille.</u>
7. J'avais <u>du chagrin</u> de ne pas te voir.
8. Si tu veux <u>m'épouser</u>, je serai sauvé.

8. Répondez par une phrase complète.

1. Qu'est-ce que le père est allé faire en ville?
2. Qu'est-ce que ses filles lui ont demandé de leur rapporter?
3. Pourquoi est-ce qu'il s'est arrêté au château de la Bête?
4. Qu'est-ce que la Bête n'a pas voulu que le père prenne?

5. En échange de la vie du père, qu'est-ce que la Bête a exigé?

6. Comment sa plus jeune fille passait-elle ses journées au château de la Bête?

7. Qu'est-ce que la jeune fille a voulu faire après quelque temps au château de la Bête?

8. Comment la Bête a-t-elle reçu sa demande?

9. Ses sœurs étaient-elles contentes de la revoir?

10. Qu'a-t-elle fait de spécial durant son séjour dans sa famille?

11. Qu'est-ce qui l'a décidée à rentrer au château de la Bête?

12. Où a-t-elle finalement trouvé la Bête?

13. Comment la Bête se portait-elle?

14. Qu'est-ce que la Bête devait faire pour redevenir un homme?

15. Comment la jeune fille a-t-elle fait sauter le sort que la sorcière avait jeté à la Bête?

9. Complétez les phrases suivantes de la façon la mieux indiquée.

1. Le père s'est rendu au marché _____.

2. Il est entré dans le château _____.

3. Il y a trouvé _____.

4. La Bête lui a dit de _____.

5. Après quelque temps, la jeune fille s'est mise à _____.

6. Elle a demandé à la Bête de la _____.

7. Elle savait qu'elle devait rentrer au château quand _____.

8. La Bête était au jardin et _____.

9. La jeune fille, en la voyant, _____.

10. Dans un grand éclair, _____.

10. Sujet de discussion en classe ou de composition par écrit.

Discutez des ressemblances et différences entre l'amour de la fille pour son père et l'amour qu'elle en vient à porter à la Bête.

II

LE LOUP ET LE RENARD°

Le loup et le renard
The Wolf and the Fox

*Dans toute la France, on trouve des histoires
d'animaux, sauvages° et domestiques. Les histoires de
renard et de loup abondent et, comme par hasard,
c'est toujours le renard qui se montre fin renard,°
et le loup qui se fait prendre.*

*Note: comme le conte du loup et du renard n'est
pas très long, j'y ai ajouté une historiette,° pour vous
faire rire.*

sauvages wild

fin renard sly fox

historiette little story

Renard - fox
Loup - wolf

miel - honey

➪ Il était une fois un loup et un renard, deux grands voleurs qui s'étaient associés° et faisaient ménage° ensemble. Ils
attaquaient les gens dans les bois, rôdaient° autour des trou-
peaux, et s'aventuraient même° jusque dans les fermes ou
dans les maisons, quand il ne s'y trouvait que des enfants.

Le renard était très paresseux° et très gourmand. Le
loup, lui, faisait d'habitude ce que le renard lui demandait,
sans trop discuter, ce qui faisait bien l'affaire du renard.°

Après un certain temps, les deux n'ont plus du tout de
provisions. Alors ils décident, comme ils ont très faim, de se
trouver du travail. Ils se placent finalement sur une ferme, et
le fermier les envoient aux champs° planter des pommes de
terre. Ce jour-là, ils n'ont comme casse-croûte° qu'un pauvre
petit fromage de chèvre et un pot de miel qu'ils cachent dans
la haie° pour pouvoir s'en régaler° plus tard.

Et ils se mettent au travail, le loup avec beaucoup plus
d'ardeur° que le renard. Quelque temps après, le loup dit au
renard:

— J'ai faim. Si on goûtait° au miel, ou au fromage?
— Non, dit le renard, n'y touche pas tant qu'on n'aura
pas autre chose° à manger avec. On ira attraper un
mouton plus tard.

qui s'étaient associés
who had entered into
a partnership
faisaient ménage kept
house
rôdaient prowled
s'aventuraient même
even ventured
paresseux lazy
**ce qui faisait bien
l'affaire du renard**
which suited the fox
just fine

champs fields

casse-croûte snack

haie hedge
s'en régaler to feast on

ardeur zeal

si on goûtait if we were
to have a taste of

**tant qu'on n'aura pas
autre chose** as long
as we don't have
anything else

9

➪ Durant l'avant-midi, pendant qu'ils travaillent, ils entendent sonner les cloches° de l'église. En réalité, ce ne sont pas les cloches qui sonnent, mais le renard qui cogne deux roches ensemble pour imiter le son des cloches. Le renard s'arrête, remarque qu'il y a un baptême à l'église et dit qu'il faut qu'il s'en occupe. En réalité, il va dans la haie prendre le pot de miel en cachette.° Il en mange plusieurs cuillerées.°

A son retour, le loup lui demande comment ils ont appelé l'enfant. Le renard répond: «Reste-assez». Le loup lui dit: «Quel drôle de nom!»° Et le renard lui répond: «C'est le parrain° qui l'a voulu comme ça.»

➪ Les deux se remettent au travail. Deux fois encore, le renard s'absente sous le même prétexte et revient en disant que les enfants s'appellent «Reste-un-peu» et «Reste-pas». La dernière fois, en plus, il fait ses besoins° dans le pot vide. Quand midi sonne, le loup, qui a très faim parce qu'il n'a rien mangé lui, part en courant chercher son miel. Mais au lieu d'y trouver son bon pot de miel, il plonge le nez dans un pot... d'excréments. Alors, rouge de rage, il revient en courant et lui crie:

— Oh! renard, tu m'as joué un bien mauvais tour,° je vais te manger!

Pour le calmer, le renard lui promet de belles cerises.° Arrivé au pied du cerisier,° le renard, qui s'est chargé d'un sac de petites pierres, grimpe° sur le dos du loup pour cueillir les cerises. Mais, tout en se remplissant le ventre, il bombarde le loup de queues de cerises et de cailloux.°

— Oh! renard, si tu continues comme ça, je vais te manger!

Pour apaiser le loup qui est de plus en plus furieux, le renard l'emmène à une maison où les gens sont partis à une noce.° Le renard n'est pas très gros, et le loup, qui n'a pas mangé depuis longtemps, est maigre. Alors les deux arrivent facilement à passer la fenêtre de la cuisine et commencent à manger tous les plats° qui attendent les invités.

➪ Mais le renard est prudent et va de temps en temps à la fenêtre voir s'il peut encore passer. Aussi fait-il attention à ne pas trop manger. Le loup, lui, a très faim et mange tant qu'il peut. A la fin, il a le ventre bien rond. Soudain, on entend les gens de la noce qui rentrent!

— Sauve-qui-peut,° ami loup! crie le renard. Et il saute par la fenêtre sans aucun problème.

les cloches the bells

en cachette on the sly
plusieurs cuillerées several spoonfuls

«Quel drôle de nom!» "What a strange name!"
le parrain the godfather

il fait ses besoins he relieves himself

tu m'as joué un bien mauvais tour you played a really dirty trick on me
cerises cherries
cerisier cherry tree
grimpe climbs

cailloux pebbles

une noce a wedding party

plats dishes (here, the contents not the containers)

Sauve-qui-peut! Run for your life!

Le loup, lui, essaie aussi de sortir, mais ce n'est pas aussi facile pour lui que pour le renard. Pour la tête et les épaules, tout passe sans difficultés. Mais, pour le reste, c'est une autre histoire. Plus rien ne passe. Tout est bloqué. Ça déborde à droite et à gauche. Les invités, qui viennent à la cuisine chercher les plats, voient le derrière du loup et commencent à le frapper. Alors, le loup redouble ses efforts et finalement arrive à passer. Mais il est en bien triste état. Dans les efforts qu'il a fait pour sortir, il a perdu sa queue et est tout écorché.° Pour le consoler, le renard lui fabrique une queue de corde. Pour le guérir,° il lui dit d'aller se rouler dans la poussière° et dans la paille.° Mais, pauvre loup! avec la poussière et la paille qui collent à ses blessures,° il souffre terriblement.

— Oh! renard, cette fois, ça y est, ça me fait trop mal,° je vais te manger!

— Mais non, cher loup! Regarde, là, dans la rivière, la fermière a mis un beau fromage au frais.° Toi, tu vas descendre le chercher, et moi, je te tiendrai par la queue.

↪ Les voilà qui partent. Ils s'en vont tous les deux et enjambent° la barrière du pont. Le renard prend le loup par la queue, le loup descend dans la rivière. Mais une fois suspendu dans le vide, le renard crie:

— Nage, nage, la queue m'échappe!°

Le loup tombe et se noie. Et le renard, lui? Il repart tranquillement, en riant tout bas, bien content de lui-même.

Et voilà, le conte est fini.

Plein les bottes et ras le bol°

Cette historiette provient du pays catalan, à la frontière° entre l'Espagne et la France, une région des Pyrénées qui n'est pas bien représentée dans les légendes et contes, mais qui possède quand même un folklore très riche.

↪ En plein pays catalan, au Mas° de l'Olivier,° on faisait toujours bonne table,° qu'on soit° ouvrier ou patron. Le fermier était un homme affable, juste et compréhensif.° Comme beaucoup de son espèce, cependant, il se faisait

tout écorché completely flayed

pour le guérir to cure him
la poussière the dust
la paille the straw
ses blessures his wounds
ça y est, ça me fait trop mal that does it, that hurts me too much
au frais to cool

enjambent step over

m'échappe slips through my fingers

Plein les bottes et ras le bol Had enough and fed up
la frontière the border

mas a small farmhouse
olivier olive tree
on faisait toujours bonne table one always ate well
qu'on soit whether one were
compréhensif understanding

11

manger la laine sur le dos.° De toute façon, il partageait le repas de ses ouvriers. Chez lui, tous recevaient le même traitement et la même nourriture. C'était un brave homme.° Et pourtant, sa gentillesse° ne le faisait pas mieux servir, comme on va le voir.

il se faisait manger la laine sur le dos he tended to get fleeced
un brave homme a good man
sa gentillesse his kindness

↪ Un jour, il demande à un de ses ouvriers de lui nettoyer et graisser ses bonnes vieilles bottes, salies par les boues du dernier orage.

— Pas la peine,° lui répond l'autre, désinvolte.° Il va bientôt repleuvoir, et vous allez encore les salir.

Pas la peine No need
désinvolte in a casual manner

Le patron ne répond rien et retourne à son ouvrage.

↪ Arrive l'heure du dîner. Le maître ordonne qu'on ne serve rien ce soir-là. L'ouvrier en question, jeune et doté° d'un bel appétit, s'étonne:

doté endowed

— Alors, on ne mange pas ce soir? Est-ce qu'on va faire régime?° dit-il en riant.

faire régime to diet

— Pas la peine de manger, répond le fermier, puisqu'on va manger aussi demain.

↪ Le garçon a compris tout seul. On n'a pas eu besoin de lui faire un dessin.° Il est parti nettoyer les bottes.

lui faire un dessin to draw him a picture

Alors tout le monde s'est mis à table dans un grand éclat de rire! Ce soir-là, comme toujours, on a bien mangé au Mas de l'Olivier.

Et vous, pensez-vous que le fermier s'est mieux fait servir par la suite?

Exercices de compréhension

Avant la lecture

1. Avant de lire les deux contes, lisez le titre et regardez l'illustration du premier conte seulement. Ensuite, lisez la première phrase des premier et avant-dernier paragraphes. D'après vous, quel sera le sujet de ce premier conte? Donnez votre réponse oralement ou par écrit.

2. Vous trouverez ci-dessous une liste de mots choisis dans le texte.

loup	renard
paresseux	gourmand
tout seul	manger
queue	brûle
noyer	manger

A partir de ces mots, pouvez-vous deviner le contenu du conte?

3. Avant de faire la lecture du deuxième conte, lisez-en le titre d'abord, avec les traductions qui s'y rattachent; puis, regardez bien l'illustration; ensuite, répondez oralement aux questions ci-dessous.

   a. Qui pensez-vous en a «ras le bol» et «plein les bottes»?

   b. Seule une personne n'est pas à table. Que fait-elle?

   c. Les gens qui sont à table ont-ils l'air de s'amuser et de bien manger?

Lecture des deux contes

4. Faites une première lecture rapide des deux textes. Puis, revenez aux sections marquées d'une ⇨ et donnez un sous-titre à chacune.

5. Voici quelques mots choisis dans les deux contes: certains d'entre eux seront peut-être nouveaux pour vous: **caillou, cerise, s'échapper, frontière, désinvolte, faire régime.** Dans le passage qui suit, remplissez les espaces vides avec le mot approprié. Il vous faudra conjuguer le verbe et/ou donner la forme voulue de l'adjectif ou du nom choisi. Un mot peut être utilisé plus qu'une fois.

> Un prisonnier qui _____ est devenu si mince qu'il a pu passer par la fenêtre. Il a donc réussi à _____ . Mais il avait maintenant si faim qu'il se serait fait un repas d'un sac de _____, s'il était arrivé à en trouver. Il se préparait à passer la _____ pour rentrer en France, et avait pris un air _____ . Mais soudain, il est tombé sur les _____ de la route et s'est mis à parler français. Alors, les soldats l'ont remis en prison.

6. Dans la phrase suivante, identifiez l'antécédent du pronom en italique:

> Cette fois-ci, ils n'ont comme casse-croûte qu'un pauvre petit fromage de chèvre et un pot de miel qu'ils cachent dans la haie pour pouvoir *s*' en régaler plus tard.

Ici, «s'» se réfère à:

a. le loup et le renard

b. le loup seulement

c. le renard seulement

■ 7. Dans le passage suivant, il faut trouver un synonyme pour chaque expression en italique. Les mots choisis indiquent l'ordre ou la cause des événements. *Note: il peut y avoir plus d'un bon choix pour chaque expression en italique*. Choisissez un synonyme dans la liste ci-dessous:

ainsi que	cependant	pourtant
alors	dès que	soudain
après	en tout cas	toutefois

En plein pays catalan, au Mas de l'Olivier, on faisait toujours bonne table, qu'on soit ouvrier ou patron. Le fermier était un homme affable, juste et compréhensif. *Comme* beaucoup de son espèce, *cependant,* il se faisait manger la laine sur le dos. *De toute façon,* il partageait le repas de ses ouvriers. Chez lui, tous recevaient le même traitement et la même nourriture. C'était un brave homme. *Et pourtant,* sa gentillesse ne le faisait pas mieux servir, comme on va voir.

8. Trouvez un synonyme pour les mots ou les phrases soulignés. Il vous faudra conjuguer le verbe et/ou donner la forme appropriée de l'adjectif ou du nom choisi.

1. Il y avait une fois…deux grands voleurs qui…faisaient ménage ensemble.

2. Le loup lui demande comment ils ont appelé l'enfant.

3. Les deux se remettent au travail.

4. Au Mas de l'Olivier on mangeait bien.

5. Pas la peine, lui répond l'autre, désinvolte.

9. Répondez par une phrase complète.

1. Faites une phrase complète avec vos propres mots en utilisant chacun des prénoms d'enfants inventés par le renard: «Reste-assez», «Reste-un-peu», et «Reste-pas».

2. Quelle est votre opinion sur le loup dans ce conte?

3. Lequel des tours du renard est votre préféré?

4. Dans le deuxième conte, que pensez-vous de l'atmosphère de la ferme?

5. A la place du fermier, auriez-vous trouvé une autre solution, ou aimez-vous la sienne?

10. Il existe plusieurs contes sur le loup et le renard, et c'est toujours le renard qui gagne, puisqu'il se montre plus rusé que le loup. Seul ou en équipe, par écrit ou oralement, imaginez une autre histoire où les personnages sont une fois de plus nos amis le loup et le renard.

III

Moitié-de-Poulet

*Très populaire dans les campagnes françaises
(on en compte soixante-douze versions en France),
ce conte est arrivé jusqu'en Amérique du Nord, où les
Acadiens[1] et les Québécois l'ont adopté. Pour
beaucoup, c'est un des trois contes les plus connus en
France, autant que «Cendrillon» et «Peau d'âne».°*

«Peau d'âne» The
Donkey Skin, in the
version of the
Brothers Grimm

• Il y avait une fois un poulet qui n'avait qu'une aile,
qu'une patte,° qu'une oreille, et qui était très maigre, mais
avec ça, malin° comme tout. Les mères poules l'appelaient
Moitié-de-Poulet et lui faisaient la vie dure.° Le pauvre
Moitié-de-Poulet en avait la tête toute pelée° et l'aile toute
plumée. Même la nuit, le coq et les poules ne le laissaient pas
en paix. Avec juste une patte, pauvre Moitié-de-Poulet ne
pouvait pas percher° comme les autres, et les autres volailles°
faisaient exprès de laisser les fientes lui tomber dessus.° Ah!
non, Moitié-de-Poulet n'avait pas la vie facile au poulailler.°
• Tant et si bien que Moitié-de-Poulet, un jour, en a eu
assez et s'est décidé à partir. Il ne savait rien de la vie à
l'extérieur, mais il s'est dit que ça ne pouvait pas être pire que
ce qu'il vivait là. Alors il a pris un peu de grain qu'il a mis
dans un sac, sous son aile, sa seule aile. Puis, la porte de la
cour° se trouvant ouverte, il est sorti sans faire d'adieux° à
personne.

La route était bonne. C'était l'été, le grain ne manquait
pas,° et effectivement, Moitié-de-Poulet, au début tout au
moins, s'est trouvé bien heureux de sa décision.

une patte one (animal)
leg
malin crafty
lui faisaient la vie dure
gave him a hard time
pelée bald
percher to roost
volailles poultry
**faisaient exprès de
laisser les fientes lui
tomber dessus** let
their droppings fall
on purpose on his
head
au poulailler in the
chicken coop

la cour the (barn)yard
sans faire d'adieux
without saying
farewell

**le grain ne manquait
pas** there was no
shortage of grain

[1] Acadia, a French territory in North America until the mid-eighteenth
century, when many of the French inhabitants were deported and the
English took over, is today made up of the maritime provinces of Nova
Scotia, Prince Edward Island, and New Brunswick in Canada.

• Un jour, en train de picorer° sur un tas de fumier, voilà Moitié-de-Poulet qui trouve une bourse remplie d'écus,° cent écus pour être exact.

Or, au même moment, passe par là le roi du coin qui lui demande:

— Veux-tu me prêter ta bourse?

— Je veux bien, répond Moitié-de-Poulet, mais à condition que° tu me paies des intérêts et que tu me rendes le tout la semaine prochaine.

⇨ Le roi prend la bourse. Moitié-de-Poulet attend longtemps, mais il ne reçoit jamais rien. Comme le roi ne le rembourse pas, finalement, Moitié-de-Poulet se dit un beau matin:

— Je vais aller moi-même réclamer° ce qui m'est dû.

• Il se met donc en route, et, chemin faisant, il rencontre son ami le loup, couché sur le bord de la route, l'air absolument épuisé.°

— Où vas-tu, Moitié-de-Poulet? Je suis à bout;° je ne pourrais pas faire un pas de plus.

— Je vais chez le roi. Cent écus il me doit.

— Prends-moi avec toi. Si tu ne m'emmènes pas, je vais mourir ici tout seul.

— Volontiers, loup; viens avec moi. Accroche-toi à mon cou,° et je te porterai.

Alors le loup s'est installé aussi bien qu'il a pu, et Moitié-de-Poulet a continué son chemin, un peu moins vite qu'avant, mais vaillamment° quand même.

Or, voilà que, plus loin, en passant près du bois, ils rencontrent le renard, lui aussi couché par terre.

— Alors, où vas-tu comme ça, Moitié-de-Poulet?

— Je vais chez le roi. Cent écus il me doit.

— Ça fait longtemps que je ne t'ai vu. Je vais faire un bout de chemin avec toi.

— Volontiers, renard, mais tu ne seras pas capable de me suivre.

— Comment ça, j'ai quatre pattes, et toi tu n'en as qu'une!

— Et bien, viens, mais tu verras.

Et les deux repartent. Mais, un peu plus tard, le renard commence à se fatiguer et demande à Moitié-de-Poulet:

— Ah! je suis trop fatigué, l'ami. Prends-moi sur toi, s'il-te-plaît.

---

en train de picorer while pecking around
une bourse remplie d'écus a purse filled with crowns (a unit of money)

à condition que on condition that

réclamer to claim

épuisé exhausted
Je suis à bout I am exhausted

Accroche-toi à mon cou Hang onto my neck

vaillamment valiantly

— J'avais dit, renard, que tu ne serais pas capable de me suivre. Mais, certainement, mon ami, monte à côté de l'ami loup, comme ça, tu pourras te reposer.

Et Moitié-de-Poulet continue d'avancer, bien moins vite qu'au début, mais d'un bon pas° quand même. Au moment d'arriver au château du roi, ils se trouvent empêchés de passer par une rivière.

— Eh, Moitié-de-Poulet! Je suis morte d'ennui° à force de passer au même endroit.° Où vas-tu comme ça, Moitié-de-Poulet? lui dit la rivière.

— Je vais chez le roi. Cent écus il me doit.

— Veux-tu que j'y aille avec toi?

— Oh! non, tu ne pourrais pas me suivre.

— Comment ça, je ne pourrais pas te suivre? Toi, tu n'as qu'une patte, et moi je coule toujours, nuit et jour.

— Alors, viens, rivière.

Mais, un peu plus loin, elle lui dit:

— Je suis trop fatiguée, je ne peux pas aller plus loin.

— Mais, je n'ai plus de place, rivière.

— Oh! je me ferai toute petite.

Alors, Moitié-de-Poulet prend la rivière en pitié,° et lui dit:

— Monte, toi-aussi, et case-toi° comme tu le pourras entre l'ami renard et l'ami loup, mais fais attention de ne pas les mouiller.°

Et il a dit de même au loup et au renard qui étaient déjà bien installés:

— Rentrez vos griffes tous les deux, et faites un peu de place. Il y a une jolie rivière qui va monter vous tenir compagnie.°

Et Moitié-de-Poulet, ainsi lesté,° a repris la route pour la dernière fois, mais bien plus lentement qu'avant, bien sûr.

• Et juste comme le soleil se couche, Moitié-de-Poulet arrive au palais du roi et gratte à la porte.°

— Toc! toc! à la porte.

— Qui est là?

— C'est moi, Moitié-de-Poulet, qui viens réclamer mon argent avec les intérêts.

↪ Le roi le fait entrer; mais, au lieu de bien le recevoir et de lui donner l'argent qu'il lui doit avec les intérêts, il l'envoie au poulailler. Là, il y a plein de poulets bien gras et gros. Ces gros poulets se mettent tous ensemble à attaquer Moitié-de-Poulet à coups de bec.° Alors Moitié-de-Poulet crie:

---

d'un bon pas at a good clip

morte d'ennui bored to death

à force de passer au même endroit from passing the same place all the time

prend la rivière en pitié takes pity on the river

case-toi settle down

les mouiller to get them wet

vous tenir compagnie keep you company
lesté weighed down

gratte à la porte scratches at the door

à coups de bec by pecking

18

— Ah! c'est comme ça que tu me traites, mauvais roi! Renard! descends de mon cou, sinon je suis perdu!

Le renard saute du cou de Moitié-de-Poulet et mange toutes les poules du poulailler.

Alors, quand le roi apprend ça, il fait mettre Moitié-de-Poulet à la bergerie.

— Ah! c'est comme ça que tu me traites, méchant roi! Loup! descends de mon cou!

Le loup sort du cou de Moitié-de-Poulet et étrangle tous les moutons de la bergerie.

Le roi, de plus en plus furieux, fait attraper Moitié-de-Poulet et le fait jeter dans le four où il fait allumer un grand feu. «Tu vas voir comme tu vas rôtir!» lui dit-il. Mais, quand Moitié-de-Poulet sent les plumes lui griller, il crie:

— Ah! c'est comme ça que tu me traites! Rivière! descends de mon cou!

Et la rivière, sortant du cou de Moitié-de-Poulet, éteint le four° en un instant. Voyant cela, le roi rend les cent écus à Moitié-de-Poulet, avec les intérêts, en le suppliant de partir et de prendre ses amis avec lui, ce que Moitié-de-Poulet fait.

Et voilà, le conte est fini.

éteint le four
extinguishes the oven

Exercices de compréhension

Avant la lecture

1. Avant de faire la lecture du conte, lisez le titre et regardez l'illustration. Ensuite, lisez la première phrase du texte. Quel sera le sujet du conte d'après vous? Donnez votre réponse oralement ou par écrit.

2. Maintenant lisez la première phrase des deux paragraphes marqués d'une ⇨. Est-ce que votre opinion sur le sujet du conte a changé? Donnez votre réponse oralement ou par écrit.

Lecture du texte

3. Choisissez un titre pour chaque section du texte parmi ceux donnés ci-dessous. Le début des sections est indiqué par un •.

   a. Les malheurs de Moitié-de-Poulet à la ferme

   b. Comment Moitié-de-Poulet se venge du roi

   c. Le départ de Moitié-de-Poulet

d. Moitié-de-Poulet rencontre le loup, le renard et la rivière

e. Le prêt de Moitié-de-Poulet

4. Nous avons choisi dans le texte plusieurs nouveaux mots et expressions. Dans le passage qui suit, remplissez les espaces vides par le mot approprié. Il vous faudra conjuguer le verbe et/ou donner la forme voulue de l'adjectif ou du nom choisi.

faire exprès   ne pas manquer
volaille   à condition que

Il le _____ vraiment _____! Voilà trois fois que je lui demande d'acheter une _____, et à chaque fois il achète du bœuf. La dernière fois, il m'a dit qu'il m'en ferait cuire une, mais seulement _____ je fasse un gâteau au chocolat. Ce _____ sont pourtant _____ les volailles qui _____ au marché. Il y en a autant qu'on veut!

5. Dans le même esprit que l'exercice 3 plus haut, donnez l'idée principale et une idée secondaire de chacun des deux premiers paragraphes. Vous pouvez ensuite, sur instruction de votre professeur, indiquer si les titres que vous avez choisis dans l'exercice 3 sont des exemples de l'idée principale, une conséquence, une paraphrase, une cause, etc.

a. Présentation de Moitié-de-Poulet

b. Les malheurs de Moitié-de-Poulet à la ferme

c. Moitié-de-Poulet ne peut pas se percher

d. Le départ de Moitié-de-Poulet

e. La décision de Moitié-de-Poulet

f. Moitié-de-Poulet en a assez

6. Dans le passage suivant, identifiez l'antécédent du pronom en italique:

> Comme le roi ne *le* rembourse pas, finalement, Moitié-de-Poulet se dit un beau matin...

Ici, «le» se réfère à:

a. l'argent que le roi lui doit

b. Moitié-de-Poulet

c. au matin

7. Dans le passage suivant, il faut trouver un synonyme pour chaque expression en italique. Les mots choisis indiquent l'ordre ou la cause des événements.

Note: il peut y avoir plus d'un bon choix pour chaque expression en italique.
Choisissez un synonyme dans la liste ci-dessous:

ainsi	c'est pourquoi	par conséquent
alors	dans ce cas	pendant
à présent	ensuite	tellement

Tant et si bien que Moitié-de-Poulet un jour en a eu assez et s'est décidé à partir. Il ne savait rien de la vie à l'extérieur, mais il s'est dit que ça ne pouvait pas être pire que ce qu'il vivait là. *Alors* il a pris un peu de grain qu'il a mis dans un sac, sous son aile, sa seule aile. *Puis,* la porte de la cour se trouvant ouverte, il est sorti sans faire d'adieux à personne.

8. Trouvez un synonyme pour les mots ou phrases soulignés. Il vous faudra conjuguer le verbe et/ou donner la forme appropriée de l'adjectif ou du nom choisi.

   1. Il y avait une fois un <u>poulet</u>.

   2. Il <u>se met</u> donc <u>en route</u>.

   3. Je vais <u>chez</u> le roi.

   4. Je suis <u>morte de fatigue</u>.

   5. Je me ferai <u>toute, toute</u> petite.

9. Les phrases suivantes sont à compléter. Indiquez le choix qui vous semble le meilleur, dans l'esprit du texte que vous venez de lire.

   1. Moitié-de-Poulet

      a. n'a qu'une patte, une aile et une oreille.

      b. est très maigre et très intelligent.

      c. a beaucoup d'amis.

      d. «A», «b» et «c» sont bons.

   2. Le roi lui demande de lui

      a. prêter une bourse remplie d'écus.

      b. donner un sac de grains.

      c. faire faire un tour sur ses épaules.

   3. Moitié-de-Poulet prend ses amis sur

      a. son dos.

      b. ses épaules.

      c. son cou.

10. Sujet de discussion en classe ou de composition par écrit.

Discutez de l'amitié, ses obligations, ses plaisirs, son importance dans votre vie. Vous pouvez baser votre discussion sur le conte, où Moitié-de-Poulet aide ses amis, et ensuite, le loup, le renard et la rivière lui sauvent la vie.

IV

LA ROSE D'OR

*Ce genre de conte est très commun. On en a retrouvé
une cinquantaine de versions dans toute la France.
Celle-ci vient du nord-est de la France, de l'Ardenne.
Dans la plupart des versions, il s'agit d'°un frère qui
tue sa sœur, ou inversement, d'une mère qui tue son
fils ou sa fille.*

il s'agit d' it is about

    *Cette légende est un bon exemple d'histoire qui
remonte du fond des temps:° en effet, elle rappelle
une ancienne superstition, celle de la flûte ou du
sifflet° des morts. C'était un instrument creusé° dans
un os de mort et qui était censé,° lorsqu'on en jouait,
faire parler les défunts.°*

**qui remonte du fond
du temps** which goes
back to the beginning
of time
sifflet whistle
creusé hollowed out
censé supposed
les défunts the
deceased

➥   Autrefois, il y a bien longtemps de cela, il y avait un roi et
une reine qui avaient un garçon et une fille. La reine avait
l'habitude de° toujours se promener avec une rose d'or à son
côté. Un jour, en revenant d'une promenade plus longue que
d'habitude,° elle s'est rendue compte qu'elle l'avait perdue.
Alors, elle a fait venir ses enfants et elle leur a dit:

avait l'habitude de was
in the habit of

que d'habitude as usual

    — Il faut que vous retourniez dans le bois chercher ma
    fleur d'or. Celui de vous deux qui la retrouvera aura le
    royaume° de votre père.

le royaume the
kingdom

➥   Les deux enfants sont partis ensemble à la recherche de la
rose. Au bout d'un certain temps, ils sont arrivés dans la forêt
où ils s'étaient promenés plus tôt avec leur mère. Après avoir
bien cherché, la petite fille a trouvé la rose d'or. Alors, elle a
appelé son grand frère et lui a dit:

    — Mon frère, j'ai trouvé la rose de maman.

Mais son frère lui a dit:

    — Donne-la moi, c'est moi qui vais la lui apporter.

La petite fille lui a dit:

— Non. C'est moi qui l'ai trouvée, je la garde.

⇨ Alors, il l'a prise à la gorge, et durant la bataille, sans le vouloir, il l'a étranglée. Quand il a vu qu'elle était morte, il s'est affolé.° Il a creusé un grand trou, y a poussé le corps de sa sœur, l'a recouvert de branches, puis il a ramassé° la rose et est rentré chez lui. Là, il s'est dit:

> — Qu'est-ce que je vais raconter aux parents quand je
> vais revenir sans ma sœur? Ah! je sais, je leur dirai que
> les loups l'ont mangée.

Et il rentre au château de ses parents et donne la rose d'or à sa mère. Quand elle lui a demandé où était sa sœur, il s'est mis à pleurer° et lui a dit qu'un loup l'avait dévorée devant lui. Ses parents se sont trouvés bien en peine, mais enfin ils lui ont donné le royaume. Ils ont bien fait chercher la sœur mais jamais on ne l'a retrouvée. Ni le pauvre roi ni la pauvre reine n'arrivait à se consoler de° la mort de la petite fille, et le château est devenu un endroit triste, où l'on n'entendait plus jamais de rires.

Dix ans plus tard, un petit berger qui passait dans la forêt a trouvé un os bien droit, long, mince et tout blanc au pied d'un arbre. Il s'est dit que ça lui ferait une bonne flûte, alors il l'a ramassé. Après l'avoir sculpté, il s'est mis à souffler dedans. Mais quelle surprise quand, au lieu d'en sortir un air, il en est sorti des paroles!° Et voici ce que disait la flûte:

> *Siffle, siffle berger,*
> *siffle de ton haleine.°*
> *Ce n'est pas toi qui m'as tuée*
> *dans la forêt d'Ardenne.*
> *J'avais trouvé la fleur de maman,*
> *j'avais gagné le royaume de papa,*
> *siffle, siffle berger,*
> *siffle de ton haleine...*

Et le berger a eu beau essayer, il n'est jamais arrivé à lui faire dire autre chose que ces mots-là. Un jour, le roi est venu chasser dans la forêt, et il s'est trouvé face à face avec le jeune berger.

> — Tu as une bien belle flûte, berger, veux-tu m'en laisser
> jouer?
> — Bien sûr, sire. Vous arriverez peut-être à en tirer autre
> chose que des mots.° Moi, je ne peux pas.

s'est affolé went into a panic
a ramassé picked up

il s'est mis à pleurer he started to cry

se consoler de to get over

paroles words

haleine breath

à en tirer autre chose que des mots in getting more out of it than just words

25

Le roi a pris la flûte, a soufflé dedans, et a été au moins aussi surpris que le berger d'entendre la flûte qui chantait:

Siffle, siffle, papa,
siffle de ton haleine.
Ce n'est pas toi qui m'a tuée,
dans la forêt d'Ardenne.
J'avais gagné ton royaume,
j'avais trouvé la fleur de maman,
siffle, siffle papa,
siffle de ton haleine…

Alors le roi est rentré tout de suite au château, avec la flûte bien sûr, et s'est rendu chez la reine. Celle-ci aussi s'est mise à jouer de la flûte. Et voici ce qu'on a entendu:

Siffle, siffle, maman,
siffle de ton haleine.
Ce n'est pas toi qui m'a tuée,
dans la forêt d'Ardenne.
J'avais trouvé ta fleur,
j'avais gagné le royaume de papa,
siffle, siffle maman,
siffle de ton haleine…

Enfin, le cœur plein d'horreur, le roi a fait venir son fils et lui a ordonné de souffler à son tour. Celui-ci ne voulait pas en jouer, mais sans trop savoir pourquoi. Finalement, sans méfiance,° il a pris la flûte à son tour et a commencé à souffler dedans. Et naturellement, voici ce qu'a chanté très fort la flûte, dès que le fils du roi l'a portée à ses lèvres:

méfiance distrust

Siffle, siffle mon frère,
siffle de ton haleine.
Car c'est toi qui m'as tuée
dans la forêt d'Ardenne.
Pour avoir la fleur de maman,
pour avoir le royaume de papa,
siffle, siffle mon frère,
siffle de ton haleine…

Alors le roi et la reine ont fait arrêter leur fils et l'ont condamné à être brûlé vif.° Et tant qu'a duré son agonie, ils ont fait jouer de la flûte par le berger. Mais cette fois, au lieu que ce soit des mots qui sortent de la flûte, ce sont des airs

brûlé vif burned alive

magnifiques qu'on a entendus, comme en signe de pardon et de joie. Ensuite, le roi et la reine se sont fait amenés à l'endroit où le berger avait trouvé l'os et, quand on a retiré le corps, la petite fille s'est mise debout, et c'est à elle qu'on a donné le royaume.

Exercices de compréhension

Avant la lecture

1. Avant de lire le conte, lisez le titre et regardez l'illustration. Ensuite, lisez la première phrase des paragraphes marqués d'une ⇨. Quel sera le sujet du conte d'après vous? Donnez votre réponse oralement ou par écrit.

2. Voilà des mots et des expressions choisis dans le texte: **rose d'or; flûte; perdre; tuer; royaume; frère et sœur.** A partir de ces mots et de vos observations précédentes, pouvez-vous deviner quelles phrases sont vraies et quelles phrases sont fausses?

    a. Le frère et la sœur ont perdu la flûte et le royaume et ont tué la rose d'or.

    b. Le frère tue sa sœur parce qu'elle a trouvé la rose d'or.

    c. Celui qui rapportera la rose d'or aura le royaume.

    d. La flûte va annoncer qui a tué la sœur pour avoir le royaume.

Lecture du texte

3. Donnez un titre à chaque paragraphe du conte marqué d'une ⇨.

4. Dans ce texte, il y a des mots que vous ne connaissiez probablement pas avant votre lecture. En vous servant des mots donnés plus bas, composez un paragraphe, oralement ou par écrit, dans le même contexte que le conte, ou dans un contexte différent.

consoler	avoir l'habitude de
répandu(e)	défunt(e)
creuser	

5. Dans la phrase suivante, identifiez l'antécédent du pronom en italique:

    Au bout d'un certain temps, ils sont arrivés dans la forêt où ils *s*'étaient promenés plus tôt avec leur mère.

    Ici, «s'» se réfère:

    a. au garçon

b. à la fille

c. au garçon, à la fille, et à la mère

d. au garçon et à la fille

■ 6. Dans le passage suivant, il faut trouver un synonyme pour chaque expression en italique. Les mots choisis indiquent l'ordre ou la cause des événements. *Note: il peut y avoir plus d'un bon choix pour chaque expression en italique, et il se peut que vous ayez à changer le temps des verbes, selon le mot ou l'expression que vous choisirez dans la liste ci-dessous:*

à ce moment-là	c'est pourquoi	mais
ainsi	dès que	soudain
après	ensuite	un peu plus tard

Alors, il l'a prise à la gorge, et durant la bataille, sans le vouloir, il l'a étranglée. *Quand* il a vu qu'elle était morte, il s'est affolé. Il a creusé un grand trou, y a poussé le corps de sa sœur, l'a recouvert de branches, *puis* il a ramassé la rose et est rentré chez lui.

7. Choisissez dans la colonne de droite un synonyme pour chaque mot de la colonne de gauche.

légende	dire
se promener	revenir
chercher	défunt(e)
mort(e)	marcher
raconter	conte
rentrer	essayer de trouver

8. Répondez par une phrase complète.

1. Qu'est-ce que la reine avait l'habitude de faire?

2 Qu'est-ce qu'elle a promis à ses enfants?

3 Qu'est-ce que le frère a fait de sa sœur?

4 Comment la flûte a-t-elle été faite?

5 Est-ce qu'on avait besoin de savoir jouer de la flûte pour en faire sortir de la musique?

9. Les phrases suivantes sont à compléter. Indiquez le choix qui vous semble le meilleur, dans l'esprit du texte que vous venez de lire.

1. Le roi et la reine avaient deux enfants,

a. des jumeaux, un garçon et une fille.

b. un garçon plus âgé, et une petite fille.

c. une grande fille et un petit garçon.

2. Le frère a tué sa sœur, et

    a. l'a enterrée.

    b. l'a mise dans un trou.

    c. l'a ramenée au château.

3. Dix ans plus tard, un berger

    a. a retrouvé la petite sœur, vivante.

    b. a sculpté une flûte dans un os.

    c. a appris que le prince avait tué sa sœur.

4. Le roi a joué de la flûte, et a appris que

    a. son fils avait tué sa fille.

    b. que quelqu'un avait tué sa fille.

    c. que sa fille était morte.

10. Choisissez parmi les activités suivantes:

    a. Si vous avez des musicien(ne)(s) dans la classe, choisissez ou composez un air pour la chanson, puis chantez-la tous ensemble. Vous pouvez la chanter sur un ton gai, puis sur un ton triste, à votre goût, ou encore faire deux groupes, un gai, un triste.

    b. Composez une chanson différente, mais qui raconte le même crime.

    c. Oralement ou par écrit, donnez un dénouement différent au conte.

V

JEAN LE BÊTE°

Bête Idiot

*L'histoire de Jean le Bête, aussi appelé Jean Bête,
Cadet-Cruchon en Bourgogne, et Jean l'Imbécile
ailleurs, est une des plus populaires de France.
Chaque région a sa version, avec des péripéties°
interminables. J'espère que celle-ci vous plaira, même
si elle a été raccourcie pour les besoins de la cause.°*

péripéties ups and downs

pour les besoins de la cause for the purpose at hand

Jean le Bête était bête, bête à faire pleurer sa mère et rire les voisins qui s'amusaient beaucoup à ses dépens.°

à ses dépens at his expense

Un jour, alors qu'il est devenu assez grand pour courir les marchés et les foires, sa mère lui a demandé d'aller au village voisin acheter un cochon. L'affaire s'est réglée° très vite. Le marchand connaissait la mère de Jean le Bête et la plaignait d'avoir un fils aussi stupide. Aussi lui choisit-il un joli cochon, l'air éveillé° et bien rose. Jean le Bête prend le cochon et sort de la foire. Il lui montre le chemin de son village et lui dit: «Maintenant, tu es à moi. Rentre chez nous, c'est au village prochain, tu n'as qu'à continuer tout droit». Puis Jean le Bête va faire un tour en ville et, quand il revient chez lui, sa mère lui demande:

s'est réglée was concluded

l'air éveillé alert look

— Où est le cochon?

Jean le Bête lui raconte ce qu'il a fait.

— Mais, mon pauvre garçon, il fallait l'attacher.

— C'est bon, dit Jean, la prochaine fois je le ferai.

▷ Le mois d'après, il retourne à la foire acheter un autre cochon. Après l'avoir acheté, il l'attache avec une ficelle° à la patte, et les deux prennent la route du retour. Chemin faisant, le cochon se met à courir par-ci par-là° pour voir les animaux dans les champs. Jean le Bête, qui se fatigue de courir après le cochon, le met sur ses épaules, après lui avoir attaché les pattes. Le cochon, fâché de ne plus pouvoir courir,

ficelle twine

par-ci par-là this way and that

fait ses besoins sur lui. Jean est très fâché parce qu'il porte sa veste du dimanche, la seule qui soit à peu près propre. Mais, ce n'est pas tout: le cochon, que d'être transporté ainsi rend furieux, mord Jean le Bête très fort à l'oreille gauche. Le sang se met à gicler° de tous les côtés! Comme Jean le Bête lâche° une patte parce que la douleur est trop forte, le cochon, pour se rattraper,° lui mord l'autre oreille. Aaah! Jean le Bête saigne° de partout, le sang lui coule le long du cou, se répand° sur sa poitrine. Lorsqu'il arrive finalement, péniblement,° chez lui, il fait presque noir et il se sent sur le point de° perdre connaissance.° Sa mère, le voyant, lui dit:

— La prochaine fois, au lieu de te faire manger comme ça, fais-le marcher devant toi, et à coups de bâton° s'il n'avance pas assez vite!

 Au troisième mois, sa mère décide de lui donner une dernière chance. Elle lui demande d'aller au marché lui acheter un nouveau chaudron,° ce qu'il fait sans problème. Cette fois-ci, se rappelant de son expérience avec le cochon, il l'attache avec une corde solide et le fait avancer à grands coups de bâton jusqu'à la maison. Le chaudron cogne sur° toutes les pierres du chemin. Tellement que° lorsque Jean arrive à la maison, il est difficile de dire ce que ce morceau de fer° noir au bout d'une ficelle était à l'origine. Sa mère, le voyant, s'écrie: «Ah! mais qu'est-ce que j'ai fait pour avoir un fils aussi bête?» Et elle décide que, à partir de ce moment, ce sera elle qui fera les commissions,° et personne d'autre.

Le mois suivant, la pauvre femme se prépare à aller elle-même au marché, mais Jean le Bête veut y aller lui aussi. Sa mère commence par refuser, mais finalement elle lui dit «Ecoute-moi bien, mon fils, il est temps que tu commences à penser à te marier, à te trouver une fille qui pourrait nous aider sur la ferme. Je commence à me faire vieille, et toi tu n'as jamais eu de tête,° alors....»

— Mais, maman, comment vais-je faire? Les filles du village, elles rient toujours de moi.

— Bon, bien, essaie de t'en faire bien voir.° Chatouille-les,° joue du pied avec elles, fais les rire. Tu verras bien.

 Alors Jean le Bête accompagne sa mère jusqu'au village, et là, il la laisse et «va aux filles».° Près de l'église, il y en a tout un groupe. Il se met près de la plus jolie, une petite coutu-

gicler to squirt
lâche lets go
pour se rattraper to even things out
saigne bleeds
se répand spills
péniblement laboriously
sur le point de about to
perdre connaissance to faint

à coups de bâton hit him with a stick

chaudron caldron

cogne sur bangs against
Tellement que So much so that
fer iron

fera les commissions will do the errands

tu n'as jamais eu de tête you've never had your wits about you

t'en faire bien voir to show yourself to advantage
Chatouille-les Tickle them

«va aux filles» "chases after the girls"

rière.° Il la pince,° la pousse, la tripote,° tout en riant très fort. Mais la pauvre fille n'a pas du tout envie de rire.

— Mais arrête donc, brute! Arrête, tu me fais mal!

Et comme il n'arrête pas, elle le gifle° et puis le griffe.° Tellement qu'à la fin Jean le Bête se rend compte° que ça n'a pas l'air de° lui faire plaisir. Quand il retrouve sa mère, il lui dit ce qui s'est passé.

— Ah! mais tu ne t'y es pas pris comme il faut,° tu as été trop dur. Il faut avoir la main légère pour faire plaisir aux filles, et comme je te connais, tu n'as pas dû y aller doucement. Allez, retourne là-bas, et lance-leur seulement des coups d'œil.° Tu vas voir, ça va très bien marcher. C'est comme ça qu'on séduit les jeunes filles.

Comme sa mère était encore occupée, Jean le Bête est rentré chez lui, assez triste cette fois. Il se demandait bien comment il allait faire pour se faire aimer de la jeune couturière. Il y avait pris goût. Il la trouvait bien jolie. Tout en pensant à son affaire, il s'est rendu à l'étable° où étaient les agneaux. Et là, il lui est venu en tête que s'il ôtait les yeux aux agneaux, il pourrait aller les lancer à la tête de sa bonne amie, et que peut-être ça suffirait pour se faire aimer. Aussitôt dit, aussitôt fait: il leur a ôté les yeux, et les a tous mis dans sa poche. Puis il est retourné au village, où il a retrouvé les filles, qui n'avaient pas du tout l'air content de le revoir.

Pendant son absence, elles s'étaient remises au travail et raccommodaient° des vêtements. Jean le Bête a sorti de sa poche des boulettes° rouges, blanches et jaunes, et a commencé à les lancer sur les filles. Alors elles ont crié: «Mais arrête donc, Jean le Bête, tu vas nous salir notre ouvrage!» Tout à coup, une d'elles s'est rendu compte de ce que Jean le Bête leur lançait. «Aaahhh!...», un grand cri d'horreur est sorti de leurs poitrines, et certaines se sont senties mal.

Alors, d'un seul coup, dans un bel ensemble, les filles ont crié, pleuré, sauté, couru aussi loin qu'elles le pouvaient de ce fou.

Avec tout ça, Jean le Bête n'a jamais trouvé à se marier au village.

couturière seamstress
pince pinches
tripote paws

le gifle slaps his face
le griffe scratches him
se rend compte realizes
ça n'a pas l'air de that doesn't seem to

comme il faut properly

des coups d'œil winks

étable cowshed

raccommodaient mended
boulettes small balls (a culinary term)

Exercices de compréhension

Avant la lecture

1. Avant de lire le conte, lisez le titre et regardez l'illustration. Ensuite, lisez la première phrase du premier paragraphe. Quel sera le sujet du conte d'après vous? Donnez votre réponse oralement ou par écrit.

2. Maintenant, répondez oralement aux questions suivantes avant d'aller plus loin.

   a. D'après vous, qu'est-ce que Jean le Bête fait avec un cochon sur ses épaules?

   b. Est-ce que ça vous semble une façon normale de transporter un cochon?

   c. Est-ce que sa mère a l'air de le trouver intelligent et d'être contente de lui?

Lecture du texte

3. Choisissez un titre pour chaque paragraphe marqué d'une ➪ parmi les titres donnés ci-dessous.

   a. Jean le Bête et le cochon

   b. Jean le Bête et le chaudron

   c. Jean le Bête et les filles

   d. Jean le Bête et le mariage

   e. Jean le Bête et le sang

   f. Jean le Bête et les commissions

4. Nous avons choisi dans le texte plusieurs mots et expressions, dont certains sont sûrement nouveaux pour vous. Les voici: **cochon, air éveillé, ramener, faire les commissions, étable.** Dans le passage qui suit, remplissez les espaces vides avec le mot approprié. Il vous faudra conjuguer le verbe et/ou donner la forme voulue de l'adjectif ou du nom choisi. Un mot peut être utilisé plus d'une fois.

   > A la ferme de mes parents, dans _____, il y avait des vaches et des _____. Ni les vaches, ni les _____ n'avaient l'_____ très _____, même si je passais beaucoup de temps à les tenir compagnie. Quand j'avais assez perdu de temps à jouer, ma mère m'envoyait au village _____ pour le souper. Alors, quand je le pouvais, je _____ toutes sortes de choses dont nous n'avions pas besoin. Au retour, je me faisais punir.

5. Dans ce texte, il y a des mots que vous ne connaissiez probablement pas avant votre lecture. En vous servant des mots donnés plus bas, composez, oralement ou par écrit, des phrases différentes ou un paragraphe entier, en vous assurant que vous utilisez tous les mots donnés. A vous de décider si vous suivrez le même thème que le conte, ou un thème différent.

comme il faut	saigner
chatouiller	à tes dépens
lâcher	

6. Dans la phrase suivante, identifiez l'antécédent du pronom en italique:

> Jean le Bête était bête, bête à faire pleurer sa mère et rire les voisins qui s'amusaient beaucoup à *ses* dépens.

Ici, «ses» se réfère:

a. à Jean le Bête

b. aux voisins

c. à la bête

d. à Jean le Bête et à sa mère

7. Choisissez dans la colonne de droite un antonyme pour chaque mot de la colonne de gauche.

bête	petit
fille	endormi
grand	garçon
éveillé	se rendre
donner	intelligent
aller	ôter

8. Choisissez dans la colonne de droite un synonyme pour chaque mot de la colonne de gauche.

faire un tour	se rendre
aller	sembler
régler	réfléchir
marier	se promener
avoir l'air de	épouser
penser	conclure

9. Répondez par une phrase complète.

1. Qu'est-ce que Jean le Bête va faire au marché la première fois?

2. Pourquoi est-ce que le premier cochon se perd?

3. Pourquoi est-ce que le deuxième cochon le mord?

4. Pourquoi est-ce que Jean le Bête attache le chaudron avec une corde?

5. Pourquoi est-ce que Jean le Bête pince les filles?

10. Sujet de discussion en classe ou de composition par écrit.

Discutez de la ou des façon(s) dont aurait dû s'y prendre Jean le Bête pour trouver à se marier au village. Est-ce que cela vous semble bizarre que pas une des filles ne veuille 'épouser? Qu'est-ce que les filles désirent trouver, d'après vous, chez un garçon, pour en vouloir comme mari?

VI

LE VOLEUR ET LE CURÉ°

curé parish priest

*Voici un conte de l'île de Corse. Il s'agit de l'histoire
d'un curé, trop bon et très crédule. Cette histoire
du voleur Scambaronu se contait dans les veillées°
corses, et n'est qu'une des nombreuses aventures de ce
voleur très connu.*

veillées evenings

☞   Il était une fois un curé qui était le meilleur homme du
monde. Il visitait les malades et aurait fait dix lieues° à pied
pour aider quelqu'un. Il y avait aussi un voleur, qui s'appelait
Scambaronu.

dix lieues ten leagues
(about twenty-five
miles)

☞   Or,° e voleur s'est aperçu un jour que le bon curé portait
des boucles° d'argent à ses souliers. Le curé était très fier de
ses belles boucles d'argent. C'était son seul défaut. Scambaronu, lui, avait toujours des mauvais tours plein la tête, et il
savait que le curé tenait beaucoup à° ses boucles d'argent. Il
s'est alors promis de se faire donner les boucles par le curé et
de se faire donner l'absolution[1] en même temps.

Or Now

boucles buckles

tenait beaucoup à was
very attached to, fond
of

Un matin, avant que le jour se lève, tout essouflé,° les
cheveux en désordre, Scambaronu vient frapper à la porte du
presbytère. Tout dort encore au village et les coqs n'ont
toujours pas chanté. Mais Scambaronu frappe très fort, et
finalement, la vieille servante du curé se lève et vient ouvrir.

essouflé out of breath

— Mais qu'est-ce qu'il y a?° J'arrive!

— C'est moi, Scambaronu. Je voudrais parler à monsieur le curé tout de suite.

— Monsieur le curé, il n'est pas encore levé, lui répond-
on. Il est trop tôt.

qu'est-ce qu'il y a?
what's the matter?

---

[1] In the Catholic faith, absolution is "the remission of sin or of the
punishment due to sin made by a priest in the sacrament of penance."
The Random House College Dictionary.

— Cela ne fait rien,° crie le bon vieux curé, du fond du logis. Avec tout ce bruit, je suis réveillé maintenant. Fais-le entrer.

Voyant que les choses se passent comme il veut, Scambaronu entre dans la chambre du curé.

— Alors, mon ami, s'exclame ce dernier, qu'est-ce qui t'a réveillé si tôt? Ce n'est pas dans tes habitudes, pourtant!

— Ah! monsieur le curé, ne m'en parlez pas! J'ai fait un rêve affreux cette nuit. J'ai eu la visite d'un ange énorme.

— Un ange! Ah, c'est que tu as de bonnes relations, toi.

— Ne riez pas, monsieur le curé. C'est vrai. Et même que l'ange m'a dit: «Scambaronu, si tu ne te confesses pas de tous tes péchés° ce matin-même, tu vas mourir et aller en enfer° d'ici dix jours. J'en ai encore la chair de poule!°»

— Alors, c'est un avertissement du ciel,° mon ami, et il faut y obéir tout de suite. Il est grand temps que tu te repentes. N'empêche,° j'aurais préféré que tu attendes une heure de plus, mais comme tu es ici, je vais te confesser tout de suite. Allez, à genoux!°

— Je viens pour cela, mon père,° confessez-moi, dit Scambaronu.

Et il se met à genoux... juste devant la paire de souliers du prêtre, celle aux belles boucles d'argent, qui se trouve justement sous le lit.

— Ouais,° tu es bien pressé ce matin, dit le curé. Je n'ai même pas eu le temps de prendre mon café au lait. Enfin, commençons, je t'écoute.

— Je m'accuse,° mon père, d'avoir manqué la messe de dimanche dernier; je m'accuse d'avoir bu du vin, pendant que mes enfants n'avaient pas de pain et que j'aurais dû travailler mon champ.

— Tout ceci est très grave, dit le prêtre, il faut que tu changes tes habitudes tout de suite.

— Mon père, j'en arrive à ce qui me tracasse° le plus: je m'accuse d'avoir volé une paire de boucles d'argent.

Et en même temps, d'une main discrète et rapide, Scambaronu prend celles du curé et les met dans sa poche.

— Comment, tu as volé aussi? Je n'aurais pas cru cela de toi, Scambaronu. Il faut les rendre à leur propriétaire.

Cela ne fait rien That doesn't matter

péchés sins

enfer hell

chair de poule goose bumps
un avertissement du ciel a warning from heaven
n'empêche nevertheless

Allez, à genoux! Come on, get down on your knees!
mon père Father (title given to priests)

Ouais! Yeah!

Je m'accuse I confess

ce qui me tracasse what bothers me

Alors, Scambaronu se frappe la poitrine, puis il continue:

— Je m'accuse de jurer° quand je perds au jeu°; je m'accuse d'avoir battu ma femme qui me le reprochait.

jurer to curse
je perds au jeu I lose at gambling

— Ah, c'est très mal, mais quoi encore?

— Mon père, voulez-vous prendre ces boucles que j'ai volées?

— Moi? non, je n'en veux pas.

— Je me mets souvent en colère° et alors je ne sais plus ce que je fais; j'ai dit des mensonges sur une belle voisine... Mais, monsieur le curé, si le propriétaire des boucles n'en veut pas, qu'est-ce qu'il faut que j'en fasse?

Je me mets souvent en colère I often get angry

— S'il n'en veut pas, tu peux les garder pour toi.

➪ Et pendant un long moment encore, Scambaronu continue à faire la liste de tous ses péchés. Il en arrive quand même à bout,° reçoit l'absolution, et prend congé,° d'un air à la fois repentant et réconforté° par les bonnes paroles que lui donne le curé.

à bout at the end
prend congé takes his leave
réconforté comforted

Et qui est-ce qui s'est trouvé bien surpris en se levant du lit?

Ce n'est pas Scambaronu, bien sûr.

Exercices de compréhension

Avant la lecture

1. Avant de lire le conte, lisez le titre et regardez l'illustration. D'après vous, quel sera le sujet de ce conte? Donnez votre réponse oralement ou par écrit.

2. Maintenant lisez le deuxième paragraphe. Avez-vous toujours la même opinion sur la suite de ce conte?

Lecture du texte

3. Choisissez un sous-titre pour chaque paragraphe marqué d'une ➪ parmi les sous-titres donnés ci-dessous.

a. Le curé et le voleur

b. L'absolution du curé

c. Les boucles d'argent du curé

d. Dix lieues à pied pour aider quelqu'un

e. L'absolution mal acquise

f. Comment se faire donner les boucles du curé

4. Nous avons choisi dans le texte plusieurs mots et expressions, dont certains sont sûrement nouveaux pour vous. Les voici: **curé, veillée, chair de poule, tracasser.** Dans le passage qui suit, remplissez les espaces vides par le mot voulu. Rappelez-vous qu'un mot peut servir plus qu'une fois.

C'est la _____ à l'église. Il fait sombre et un brigand arrive, qui donne la _____ au _____. Mais avec tout le bruit qu'il fait, le _____ a très peur, et se _____ beaucoup car il ne sait absolument pas comment il va faire pour l'attraper.

5. Dans le passage suivant, identifiez l'antécédent du pronom en italique:

Ne riez pas, monsieur le curé. C'est vrai. Et même que l'ange m'a dit: «Scambaronu, si tu ne te confesses pas de tous tes péchés ce matin-même, tu vas mourir et aller en enfer d'ici dix jours. *J'en* ai encore la chair de poule!»

Ici, «en» se réfère à:

a. la chair de poule

b. ce que l'ange lui a dit

c. au matin

6. Dans le passage suivant, il faut trouver un synonyme ou une expression pour remplacer chaque expression en italique. Les mots choisis indiquent l'ordre ou la cause des événements. *Note: il peut y avoir plus d'un bon choix pour chaque expression en italique.* Faites votre choix parmi la liste ci-dessous:

au moment où	alors que	dès que
ainsi	c'est pourquoi	par conséquent
alors	depuis	pendant

Un matin, *quand* le jour se lève, tout essoufflé, les cheveux en désordre, Scambaronu vient frapper à la porte du presbytère. Tout dort encore au village et les coqs n'ont toujours pas chanté. *Mais* Scambaronu frappe très fort, jusqu'*à temps que* la vieille servante du curé se lève et vienne ouvrir.

■ 7. Trouvez un antonyme pour les mots ou les phrases soulignés. Il vous faudra conjuguer le verbe et/ou donner la forme appropriée de l'adjectif ou du nom choisi.

1. Scambaronu, tout essoufflé, les cheveux en désordre
2. Mais Scambaronu frappe très fort (à la porte).
3. Il faut obéir tout de suite.
4. Il n'est pas encore levé.
5. Qu'est-ce qui t'as réveillé si tôt?

8. Complétez les phrases suivantes dans le sens du texte, en employant vos propres mots.

1. Les _____ tentaient beaucoup le voleur Scambaronu.
2. Le curé s'est réveillé parce que _____.
3. Il a fait agenouiller Scambaronu pour _____.
4. Scambaronu a profité de la confession pour _____.

9. Les phrases suivantes sont à compléter. Indiquez le choix qui vous semble le meilleur, dans l'esprit du texte que vous venez de lire.

1. Le prêtre et Scambaronu
   a. sont de bons amis.
   b. se voient pour autre chose que des questions religieuses.
   c. se font souvent des cadeaux.
   d. se voient rarement.

2. Scambaronu s'accuse de
   a. battre sa femme.
   b. ne pas travailler son champ.
   c. voler.
   d. ne pas aller à la messe.
   e. Tous les choix sont corrects.

3. Le prêtre ne se rend pas compte que Scambaronu
   a. lui raconte des péchés pour se donner du temps.
   b. lui prend ses boucles d'argent.
   c. n'est pas très intéressé par l'absolution qu'il lui donne.
   d. Tous les choix sont bons.

10. Par écrit ou oralement, donnez une autre version du même conte. Inventez beaucoup de péchés.

VII

Les Demoiselles

Il y a beaucoup d'histoires de dames ou de demoiselles blanches en France. Ce thème populaire peut se rattacher° soit aux fées, soit aux fantômes.° Son origine est à chercher dans les formes étranges que l'on voit danser dans le brouillard.° On pense maintenant que les demoiselles ou dames blanches datent du Moyen Age° et qu'elles sont d'origine française, plutôt que d'être d'origine plus ancienne, gauloise° par exemple. De toute façon,° voici une des versions les plus complètes qui existe de cette légende.

peut se rattacher can be linked
fantômes ghosts
brouillard fog

Moyen Age Middle Ages

gauloise Gallic
De toute façon In any case

➪ Autrefois° vivait au fond du Berry, dans un petit château, un gentilhomme° nommé Jean de la Selle. Son fermier° s'appelait Luneau. Le Berry était une région sauvage, semée de° forêts et de marécages,° avec ici et là quelques prairies.° Les gens vivaient pauvrement de la terre, même en travaillant très fort.

    Même si la vie était difficile, Jean de la Selle vivait heureux parce qu'il avait des goûts modestes. Il avait bon caractère et ses voisins l'appréciaient pour sa patience et son grand bon sens. On disait de lui que plutôt que de faire tort à quelqu'un,° il se laisserait prendre la chemise sur le dos° et le cheval d'entre les jambes.

➪ Or, un soir, Jean de la Selle et Luneau revenaient d'une vente de bétail° où ils avaient vendu une paire de bœufs. M. de la Selle était content: il avait fait de bonnes affaires et rapportait un bon montant d'argent. Avant de partir, tous les deux avaient bien mangé à l'auberge du coin,° et M. de la Selle avait bu pas mal de vin. Si bien que, avec le vin, la chaleur et la fatigue de la journée, et par-dessus tout ça le trot bien rythmé de sa jument,° M. de la Selle s'est endormi. Il

Autrefois A long time ago
gentilhomme gentleman
fermier farmer
semée de dotted with
marécages swamps
prairies meadows

faire tort à quelqu'un to wrong someone
il se laisserait prendre la chemise sur le dos he would give the shirt off his back
bétail cattle

à l'auberge du coin at the local inn

jument mare

s'est retrouvé chez lui sans trop savoir par où Luneau, qui le conduisait, l'avait fait passer. Comme ils arrivaient sains et saufs,° il ne s'en est pas trop préoccupé.° Aussi, dès qu'il a ôté ses bottes, il a demandé qu'on porte ses bagages à sa chambre. Puis il a discuté de la journée avec le grand Luneau, lui a souhaité une bonne nuit, et est monté se coucher. Mais, le lendemain matin, quand il a ouvert sa valise, il n'y a trouvé que des cailloux,° et il s'est bien rendu compte qu'il s'était fait voler.

On fait venir le grand Luneau, qui jure sur la tête de ses enfants qu'il a bien vu l'argent compté et chargé dans la valise et qu'il l'a lui-même mise sur la jument et bien attachée. Et il ajoute qu'il n'a pas quitté son maître d'un poil° durant tout le voyage du retour, et que les deux ont voyagé côte-à-côte° tout le temps. Là-dessus Luneau avoue qu'il s'est senti la tête bien lourde dans le bois des Demoiselles. Il a dû faire un somme° d'au moins un quart d'heure, puisqu'il ne s'est réveillé qu'à la sortie du bois.

— Bon, dit M. de la Selle, c'est certainement un voleur qui nous a pris la valise pendant que nous dormions tous les deux. C'est ma faute encore plus que la tienne, pauvre Luneau, et il serait plus sage de ne plus en parler. Je vais tâcher d'oublier° tout ça, encore que ce sera difficile. Ça m'apprendra à ne pas m'endormir à dos de cheval.

Luneau, malgré les dires de son maître, essaie autant qu'il peut de faire passer le tort sur le dos d'un chemineau° ou d'un vagabond.

— Non, n'en parlons plus. Tous les gens du voisinage sont d'honnêtes gens° et j'ai pleine confiance en eux. Je ne veux accuser personne. Je n'ai que ce que je mérite.

Alors, Luneau veut faire fouiller° jusqu'au grand marécage, au fond du bois des Demoiselles.

▷ — Mais, mon bon Luneau, crois-tu que le voleur a jeté mon argent dans le bois? Ou peut-être est-ce que tu penses que ce sont les Demoiselles elles-mêmes qui sont responsables du vol? Penses-tu comme nos paysans qu'elles aiment jouer des tours° et s'amuser à nos dépens? Non, je ne crois pas aux demoiselles, puisque je ne les ai jamais vues, mais mon père me disait toujours: «Laissez les demoiselles tranquilles, elles n'ont jamais fait de mal à personne» et ma grand-

sains et saufs safe and sound
il ne s'en est pas trop préoccupé he didn't pay too much attention

cailloux pebbles

il n'a pas quitté son maître d'un poil he didn't leave his master for a second
côte-à-côte side by side

Il a dû faire un somme He must have dozed off

tâcher d'oublier to try to forget

chemineau tramp

d'honnêtes gens decent people

fouiller to search

jouer des tours to play tricks

mère me disait: «Ne regardez jamais les demoiselles; leur présence est bonne pour la terre, et leur protection est un porte-bonheur° pour notre famille.» Alors, j'ai bien l'intention de respecter leurs désirs.

Environ dix ans plus tard, Jean de la Selle revient de la même vente de bétail, seul cette fois parce que son vieux fermier est mort au printemps. Il est monté sur sa vieille jument, la même qu'il y a dix ans, et il transporte une somme équivalente à celle qu'on lui a volée autrefois. Cette fois-ci, notre gentilhomme ne dort pas. Il a définitivement perdu cette mauvaise habitude.

Arrivé au bord du bois des Demoiselles, M. de la Selle se met à penser à son vieux Luneau, son vieil ami, et il se sent tout triste. Rendu au milieu du bois, en plein milieu du marécage, il est tout surpris de voir une forme blanche, qu'il a prise jusque là pour de la brume,° se mettre soudain à bouger, puis à sauter par-dessus les arbres. Alors, une seconde forme la rejoint, puis une troisième, et comme ça jusqu'à une septième. À mesure qu'elles passent devant M. de la Selle, elles prennent forme humaine. Elles sont énormes, vêtues° de longues robes, et ont de longs cheveux blancs qui flottent derrière elles.

M. de la Selle est bien surpris de ces apparitions. Comme c'est un homme qui a de l'éducation,° il se met à les saluer toutes. Quand il arrive à la septième, la plus grande, il lui dit:

— Mademoiselle, je suis votre serviteur.

Dès qu'il a fini de parler, la grande Demoiselle se retrouve sur le cheval, assise derrière lui, lui enlaçant le corps de grands bras froids comme de la glace. Bien que très surpris par ce phénomène, notre gentilhomme n'en perd pas la tête, du moins pas encore.

«Par l'âme de mon père,» se dit-il, «je suis un homme bon, et nul esprit ne peut me faire de mal.» D'autre part, il se rappelle soudain qu'on lui disait, étant petit, qu'il ne faut pas offenser les demoiselles. Pour le moment, il se contente donc de dire à celle qui essaie de le jeter en bas de son cheval: «Vraiment, mademoiselle, vous devriez me laisser continuer ma route. Je n'ai pas croisé votre chemin pour vous fâcher et, si je vous ai saluée, c'est pour être poli,° pas pour me moquer de vous,° loin de là mon intention.»

Alors, M. de la Selle entend au-dessus de sa tête une voix étrange qui lui dit: «Fais dire une messe pour Luneau et va en paix!»° Et, comme par magie, la figure de la demoiselle

porte-bonheur good-luck charm

brume mist

vêtues dressed

qui a de l'éducation who is well-bred

poli polite
me moquer de vous to make fun of you

va en paix go in peace

46

disparait, la jument redevient docile, et notre gentilhomme peut rentrer chez lui sans autre incident.

⇨ A son retour, le cher homme s'est dit qu'il avait dû avoir une vision. Mais après avoir demandé qu'on dise une messe à la mémoire de° son fermier, il s'est trouvé bien surpris lorsqu'il a ouvert sa valise et qu'il y a vu non seulement l'argent qu'il avait gagné à la foire mais les six cents écus qu'il avait perdus dix ans plus tôt avec le grand Luneau! Certains ont dit que Luneau, avant sa mort, s'était arrangé avec les Demoiselles. Mais Jean de la Selle, loyal dans la mort comme dans la vie, n'a jamais voulu qu'on doute de l'honnêteté du défunt. Aussi, quand en sa présence quelqu'un ôsait parler du défunt en manquant de respect, il disait toujours:

> — On ne peut pas tout expliquer dans la vie. Peut-être que, devant la mort, Luneau a préféré être sans reproche,° que riche et sans croyance.

à la mémoire de
in memory of

sans reproche
blameless

Exercices de compréhension

Avant la lecture

1. Avant de lire le conte, lisez le titre et regardez l'illustration. D'après vous, quel sera le sujet du conte? Donnez votre réponse oralement ou par écrit.

Lecture du texte

2. Donnez un titre à chaque section du conte. Le début de chaque section est indiqué par une ⇨.

3. En faisant la lecture du texte, vous avez appris plusieurs nouveaux mots. En voici quelques uns, avec d'autres que vous connaissez déjà: **gentilhomme, autrefois, cheval, château, forêt.** Dans le passage qui suit, remplissez les espaces vides par le mot approprié. Il vous faudra conjuguer le verbe et/ou accorder l'adjectif ou le nom choisi.

> _____, il y a plusieurs centaines d'années, la population était divisée en deux grandes catégories, les _____ et les autres. La vie de _____, les _____, la bonne nourriture, la chasse, toutes choses bonnes et agréables étaient pour eux. Les autres travaillaient aux champs et allaient couper du bois dans la _____.

4. Dans ce texte, il y a des mots que vous ne connaissiez probablement pas avant votre lecture. En vous servant des mots donnés plus bas, faites une nouvelle phrase, ou un paragraphe, oralement ou par écrit, dans le même contexte que le conte, ou dans un contexte différent.

fantôme marécage
brouillard sain et sauf

5. Dans le même esprit que l'exercice 2 plus haut, divisez vous-même le conte en sections. Ensuite, choisissez parmi la liste ci-dessous ce qui vous semble se rapprocher le plus d'un titre et d'un ou des sous-titres pour chaque section de texte. Vous pouvez ensuite indiquer si le titre ou sous-titre en question est un exemple de l'idée principale, une conséquence, une paraphrase, etc.

a. le retour à la ferme avec l'argent

b. deuxième vente de bétail

c. circonstances du vol

d. description du territoire et des conditions de vie

e. présentation des Demoiselles

f. ce que disent et font les Demoiselles

g. le pardon de Luneau

h. première vente de bétail

i. présentation de Jean de la Selle et de son fermier

j. perte de la valise remplie d'argent

6. Dans le passage suivant, identifiez l'antécédent du pronom en italique:

On fait venir le grand Luneau, qui jure sur la tête de ses enfants qu'il a bien vu l'argent compté et chargé dans la valise et qu'il *l*'a lui-même mise sur la jument et bien attachée.

Ici, «l'» se réfère à:

a. la jument

b. la valise

c. M. de la Selle

d. l'argent

7. Dans le passage suivant, il faut trouver un synonyme pour chaque expression en italique. Les mots choisis indiquent l'ordre ou la cause des événements. *Note: il peut y avoir plus d'un bon choix pour chaque expression à remplacer.* Choisissez un synonyme dans la liste ci-dessous:

ainsi	avant	donc
alors	avec	ensuite
après	c'est pourquoi	mais

Or, un soir, Jean de la Selle et Luneau revenaient d'une vente de bétail où ils avaient vendu une paire de bœufs. M. de la Selle était content: il avait fait de bonnes affaires et rapportait un bon montant d'argent. Avant de partir, tous les deux avaient bien mangé à l'auberge du coin, et M. de la Selle avait bu pas mal de vin. *Si bien qu'*avec le vin, la chaleur et la fatigue de la journée, et par-dessus tout ça le trot bien rythmé de sa jument, M. de la Selle s'est endormi. Il s'est retrouvé chez lui sans trop savoir par où Luneau, qui le conduisait, l'avait fait passer. Comme ils arrivaient sains et saufs, il ne s'en est pas trop préoccupé. *Aussi,* dès qu'il a ôté ses bottes, il a demandé qu'on porte ses bagages à sa chambre. *Puis* il a discuté de la journée avec le grand Luneau, lui a souhaité une bonne nuit, et est monté se coucher.

8. Choisissez dans la colonne de droite un synonyme pour chaque mot de la colonne de gauche, en suivant le sens du texte.

pauvrement	rester collé à
heureux	nuire
faire tort à	petite roche
vendu	dormir un peu
conduire	mal
se coucher	souhait
caillou	content
ne pas quitter d'un poil	échangé contre de l'argent
faire un somme	mener
désir	se mettre au lit

9. Répondez par une phrase complète.

   1. Qu'est-ce que Luneau et M. de la Selle vont faire à la vente de bestiaux?

   2. Est-ce que Luneau et M. de la Selle y vont tous les deux à cheval?

   3. Est-ce que M. de la Selle est très riche?

   4. Pensez-vous que les Demoiselles sont méchantes?

   5. Pourquoi est-ce que M. de la Selle fait dire une messe à la mémoire de Luneau?

10. Sujet de discussion en classe ou de composition par écrit.

   La loyauté se mérite-t-elle? Et si oui, comment? Croyez-vous que dans ce conte, Luneau, le fermier de M. de la Selle, méritait la loyauté de celui-ci?

VIII

Vache - cow (handwritten)

LES TROCS[1] THE BARTER (handwritten)
DE JEAN-BAPTISTE

trocs barter

*Voici encore un autre conte de fermiers. Cette fois-ci
le fermier fait des affaires° dont lui et sa femme sont
très satisfaits. Ce conte est très populaire en Lorraine,
mais on le retrouve aussi dans bien d'autres régions
de France, et jusque dans les colonies françaises des
Antilles et d'Amérique du Nord. De fait, ce conte ne
se retrouve pas que sur les territoires français, puisqu'on en a trouvé des variantes jusqu'en Norvège et
en Russie.*

fait des affaires makes
deals

⮫ Il était une fois un homme et sa femme: Jean-Baptiste et
Marguerite. Ils faisaient bon ménage,° mais étaient très
pauvres.

faisaient bon ménage
got along well
together

— Jean-Baptiste, lui dit un jour sa femme, on est trop
pauvres. On n'arrivera pas à s'en sortir° si tu ne fais
pas comme notre voisin. Il fait du troc sans arrêt° et
gagne beaucoup d'argent.

**On n'arrivera pas à s'en
sortir** We won't pull
through
sans arrêt all the time

— Mais, je ne sais pas troquer,° ma femme!

troquer to barter

— Ce n'est pas difficile: il suffit d'échanger ce que l'on a *exchange what we have w/ what we don't have* (handwritten)
pour ce que l'on n'a pas.

— Mais si je perdais au change,° tu serais fâchée avec *would be angry* (handwritten)
moi, et tu ne me parlerais plus. → *would not talk* (handwritten)

si je perdais au change
if I were to lose in the
trade

— Ne dis pas ça, mon Jean-Baptiste. Je sais bien qu'on
ne peut pas toujours gagner, mais on peut toujours
essayer. On a une vache. Va la troquer au village et
essaie de faire des affaires, et puis on verra bien.

---

[1] Barter was the most common form of commerce among peasants
hundreds of years ago, as only the rich and powerful had access to
coinage.

Alors, Jean-Baptiste sort la vache de l'étable, va à la grange° chercher un bout de corde pour l'attacher, et prend le chemin du village. Chemin faisant,° il rencontre un autre paysan qui tire une chèvre.°

 — Eh, où vas-tu donc comme ça, Jean-Baptiste?

 — Je m'en vais faire des affaires, mais je ne sais pas trop comment m'y prendre.

 — Ce n'est pas bien compliqué, pourtant. Qu'est-ce que tu vas troquer comme ça, mon gars?°

 — Ma femme veut que je troque notre vache.

 — Alors, tu n'as pas besoin d'aller plus loin, je te troque ma bique° pour ta vache.

Alors Jean-Baptiste réfléchit à l'affaire, relève sa casquette, se gratte la tête, puis dit:

 — Bon, d'accord, c'est une affaire.

Il troque la vache contre la chèvre et poursuit son chemin. En passant le long d'un champ, il rencontre un autre bonhomme, qui porte une oie.°

 — Où vas-tu comme ça, Jean-Baptiste?

 — Je m'en vais au village troquer ma bique.

 — Ah! tu troques. Et qu'est-ce que tu as à troquer comme ça?

 — Bien d'abord, j'ai troqué ma vache contre cette bique. Maintenant, je vais troquer la bique.

 — Eh bien, tu fais du progrès. Plus on troque, plus on a de chances de faire de bonnes affaires. Veux-tu me troquer ta bique contre mon oie?

 ⇒ Jean-Baptiste est d'accord, et les deux échangent leurs animaux. Jean-Baptiste repart avec l'oie sous le bras. Un peu plus loin, il rencontre un homme qui porte un coq dans un panier. De la même façon, il troque l'oie contre le coq.

Il arrive finalement au village, et, une fois la porte passée, il voit une vieille qui ramasse du crottin° dans la rue.

 — On gagne des sous avec cela, madame?

 — Assez, lui répond-elle.

 — Voulez-vous me troquer votre crottin contre mon coq?

 ⇒ La vieille n'hésite pas et fait l'échange tout de suite. Jean-Baptiste, content de lui-même, arrive finalement à la foire où il rencontre son voisin.

 — Tiens, te voilà Jean-Baptiste. As-tu fait de bonnes affaires?

 — Pour ça, oui. J'ai troqué ma vache contre une bique,

grange barn

Chemin faisant On the way

chèvre she-goat

mon gars *fam* my boy

bique *fam* nanny-goat

oie goose

crottin dung

52

— Mais, qu'est-ce que va dire Marguerite?

— Elle va être contente. Mais ce n'est pas tout; ensuite j'ai troqué ma bique contre une oie, et mon oie contre un coq!

— Tout ça à partir d'une vache! Tu as fait de drôles° d'affaires. Es-tu sûr que Marguerite sera contente?

— Je te dis qu'elle va être contente. J'en suis sûr.

— Elle n'est pas difficile, alors. Mais moi, je n'aimerais pas être à ta place quand tu rentreras chez toi ce soir.

— Attends, ce n'est pas tout. Ensuite, j'ai troqué le coq contre le crottin que j'ai ici.

— Bon, ça va, je ne dis plus rien. Si ta femme ne se fâche pas à ce coup-là,° j'aurai tout vu.

— Marguerite sera contente.

— Ah oui? Et bien, j'en doute!°

— C'est que tu ne la connais pas comme moi.

— Et bien, parions.°

— Combien?

— Je te parie deux cents francs. Si elle te fait des histoires,° tu me les paies. Sinon, c'est moi qui les paie.

— D'accord, tope-là!°

☞ Ils s'en retournent tous les deux à la ferme et entrent dans la chaumière.

— Eh bien, Jean-Baptiste, as-tu fait de bonnes affaires?

— Bien sûr, ma femme. J'ai troqué ma vache contre une bique.

— Tant mieux. Nous n'avions pas assez de foin pour une vache. Ce sera juste assez pour une chèvre, et puis on aura encore du lait.

— Oui, mais ensuite, j'ai troqué la bique contre une oie.

— Très bien. Justement, il me fallait de la plume° pour remplir les oreillers.°

— Oui, mais j'ai troqué l'oie contre un coq.

— Très bien. Je trouve que nous dormions trop tard. Il pourra nous réveiller de bonne heure le matin. Ça nous fera une heure de plus pour travailler!

— Oui, mais finalement, j'ai échangé le coq pour du crottin que voilà.

— Tant mieux. Il en fallait pour le jardin. Mes fleurs vont bien pousser et je pourrai me faire un beau bouquet.

— Tiens,° lui dit le voisin, voilà tes deux cents francs, Jean-Baptiste. Mais, surtout, ne troque jamais ta femme. Tu n'en retrouverais jamais une pareille!

---

drôles strange

à ce coup-là this time

j'en doute I doubt it

parions let's bet

Si elle te fait des histoires If she gives you trouble
tope-là! agreed!

de la plume feathers
oreillers pillows

Tiens…voilà Here are

53

Exercices de compréhension

Avant la lecture

1. Avant de lire le conte, lisez le titre et la première phrase du premier
    paragraphe. Ensuite regardez l'illustration. Puis, répondez oralement aux
    questions ci-dessous.

    a. Sachant qu'un troc veut dire un échange, que pensez-vous qu'il se passe
        dans l'illustration?

    b. Pourquoi Jean-Baptiste veut-il faire des affaires?

    c. Sa femme va-t-elle être contente des résultats de ses échanges?

2. Vous trouverez ci-dessous deux colonnes de mots choisis dans le texte.

pauvre	Jean-Baptiste
vache	chemin
rencontre	troc
chèvre	oie
coq	content

    A partir de ces mots et des questions du premier exercice, pouvez-vous
    deviner le contenu du conte?

Lecture du texte

3. Faites une première lecture rapide du texte. Ensuite, donnez oralement ou par
    écrit ce qui vous semble être l'idée principale de chaque section du texte. Le
    début de chaque section à définir est indiqué par une ⇩.

■ 4. En faisant la lecture du texte, vous avez appris plusieurs nouveaux mots.
    En voici quelques uns: **troquer, paysan, bique, crottin, drôles d'affaires,
    fourrage, vache.** Dans le passage qui suit, remplissez les espaces vides par le
    mot voulu.

    > Ce _____-là fait de _____! Comme il manque de
    > _____ pour nourrir ses animaux, il est en train de
    > _____ sa vieille _____ et sa petite _____
    > contre du _____.

5. Dans le même esprit que l'exercice 3 plus haut, donnez l'idée principale et les
    idées secondaires de chaque section du conte. N'écrivez pas de phrase
    complète, mais présentez plutôt ces idées sous forme de titre et de sous-titre.

6. Dans le passage suivant, dites à quoi se réfère le pronom en italique:

> Jean-Baptiste, lui dit un jour sa femme, on est trop pauvres.
> On n'arrivera pas à s'*en* sortir si tu ne fais pas comme notre voisin.
> Il fait du troc sans arrêt et gagne beaucoup d'argent.

Ici, «en» se réfère à:

a. Jean-Baptiste et Marguerite

b. la pauvreté dans laquelle ils se trouvent

c. leur ferme

7. Choisissez dans la colonne de droite un antonyme pour chaque mot ou expression de la colonne de gauche. Il vous faudra conjuguer le verbe et/ou donner la forme appropriée de l'adjectif ou du nom choisi.

ils font bon ménage	facile
difficile	fâché
il gagnerait	pareil
contente	ne pas s'entendre
différentes	perdre

8. Répondez par une phrase complète.

1. Qu'est-ce que le voisin de Marguerite et Jean-Baptiste fait avec tant de succès?

2. Pourquoi Marguerite veut-elle que Jean-Baptiste aille au village?

3. Racontez le premier troc de Jean-Baptiste.

4. Pourquoi est-ce que le voisin qu'il rencontre au village pense que Marguerite ne sera pas contente de ses trocs?

5. Pensez-vous que Marguerite aime son mari, qu'elle n'est pas très intelligente, ou les deux à la fois?

9. Choisissez un des sujets suivants pour une discussion en classe ou une composition par écrit.

a. Décrivez les éléments du conte qui font qu'il vous paraît drôle.

b. Donnez une autre version du même conte.

c. Donnez un dénouement différent à ce conte.

IX

QUI PARLERA LE PREMIER?

*Il existe en France de nombreuses histoires où l'époux
et l'épouse font le pari° de ne plus parler. Elles
courent dans toutes les provinces de France. En voici
deux.*

font le pari bet

Les jeunes mariés

Dans ce temps-là, il y a très longtemps, l'homme et la femme
se partageaient les soins du ménage. Tour à tour, chacun
nettoyait la maison et lavait le linge.

Un jour, deux jeunes mariés, qui ne sont pas riches, se
trouvent obligés d'emprunter une petite marmite.° C'est
pour y faire cuire leur soupe. Et quand il vient temps de la
rendre, ni l'un ni l'autre ne veut le faire. La femme disait:

marmite cooking pot

— Eh bien! va la rendre toi.

— Non, je ne veux pas, répondait-il.

Alors, la jeune épouse se fâche, surtout que son mari,
quand vient le temps de faire le ménage, a tendance à aller
boire chez les voisins. Aussi, dans un moment de colère, elle
lui dit:

— Eh, bien, écoute! Puisque c'est comme ça, je ne parlerai plus.

— Tu ne parleras plus?

— Non, c'est fini, je ne parlerai plus, plus un mot.

— Bien, dit son mari. Je te prends au mot. On va faire
comme ça: le premier qui parlera fera le ménage pour
toujours. L'autre ira rendre la marmite. Tu peux chanter tant que tu voudras, moi, je vais siffler.°

siffler to whistle

Sa femme a fait «oui» de la tête, et pendant quinze jours,
ils n'ont pas dit un mot. L'homme était cordonnier° et la
femme fileuse.° Ils passaient leurs journées à travailler en
chantant et en sifflant. Comme les deux étaient d'un naturel
bavard, ils se rattrapaient, elle en chantant, lui en sifflant.

cordonnier cobbler
fileuse spinner

57

Un peu plus tard, le roi et sa suite viennent chasser près de leur cabane.° La nuit les surprend dans le bois et leur lanterne vient à s'éteindre. C'est alors qu'ils aperçoivent de la lumière au loin; c'est la maison du jeune couple, et le roi y envoie son domestique chercher de quoi éclairer sa lanterne. Le domestique entre dans la maison et s'adressant à la femme, lui dit:

— Permettez, madame, que j'éclaire ma chandelle à votre lampe?

Pour toute réponse, elle lui montre la lampe en chantant. Le domestique se fâche et se met à sacrer° et à taper du pied. Il n'a pas plus de réponse pour autant. La femme file, le mari ne dit rien. Alors, le domestique se dit:

— Ou elle est folle, ou elle est muette!

Il se tourne alors vers l'homme et lui demande:

— Permettez-vous, monsieur, que j'éclaire ma chandelle à votre lampe?

Et l'homme lui indique la lampe en sifflant. Le domestique revient trouver le roi et lui dit:

— Ces pauvres gens n'ont peut-être pas toute leur raison.° Je ne comprends pas: ils ne disent pas un mot!

En entendant ces paroles, le roi décide d'aller voir par lui-même. Il entre dans la cabane des deux jeunes mariés et demande à l'homme de lui permettre de s'éclairer à sa lampe. Et, comme la fois précédente, personne ne dit rien non plus. L'homme se contente de° lui montrer la lampe en continuant à siffler. Alors, le roi dit:

— Ce sont de pauvres malheureux. Il faut les enlever de là!

Et il commence par prendre la femme sur son dos. Quand le mari voit ça, il continue de siffler. Alors, sa femme s'écrie en pleurant:

— Misérable, c'est comme ça que tu m'aides!

— Tu as perdu, ma femme. Je vais la rapporter, la marmite, mais c'est à toi de faire le ménage maintenant, et pour toujours!

Et, comme elle avait fait le pari, elle a dû en accepter les conséquences. Son mari a conté l'histoire à ses voisins. Et eux aussi ont fait comme lui, et l'ont contée à d'autres. Si bien que, bientôt, chaque homme a laissé le travail de maison à son épouse. Mais en revanche, celles-ci ont laissé le travail des champs à leurs époux. La coutume commence à peine à changer. Je me demande bien pourquoi…

cabane hut

sacrer to curse

n'ont peut-être pas toute leur raison are perhaps deranged

se contente de contents himself with

Le vieux et la vieille

Un vieux et une vieille, après avoir vécu ensemble toute leur vie, se sont querellés pour rien. Mais chacun s'entêtait° et voulait avoir raison. Le vieux ne cédait pas,° la vieille non plus. Comment faire pour s'en sortir?

— Puisque c'est comme ça, dit-elle, je ne parlerai plus.

— A tes souhaits, ma vieille, dit le vieux.

Le plus fort, c'est qu'elle a tenu parole.° Elle travaillait à ses tâches habituelles, du matin au soir, sans dire un mot. Le vieux lui demandait-il quelque chose, elle le lui montrait ou lui apportait ou le faisait, selon le cas, mais sans jamais dire un mot. Si des voisins et voisines venaient, elle leur montrait le vieux en levant les épaules mais ne parlait pas plus.

Au début, le vieux a trouvé ça très drôle. Il disait avec beaucoup de contentement qu'il était l'homme le plus heureux au monde, qu'il n'y en avait pas de plus chanceux que lui au village, et un tas d'âneries° du même genre. Mais, au fond de son cœur, il ne les croyait pas lui-même.

Le temps passait. Cela faisait des semaines que sa femme ne lui avait plus adressé la parole. Sans vouloir se l'avouer,° il s'ennuyait de leurs conversations; il s'ennuyait de ne plus entendre sa voix. Il avait beau monologuer tout le temps, le monologue commençait à lui peser. «Vas-tu prendre, maudit feu?...Méchant tiroir qui ne ferme pas! Saloperie,° va!» Ce n'était pas la même chose que de parler à sa femme, tout de même. Et le vieux se trouvait bien mal pris° que sa femme ne démorde pas de son pari.°

Alors, un jour, au moment de passer à table, au lieu de prendre sa place sur le banc, il se met à chercher partout. Il se met à genoux, avec beaucoup de mal, et regarde en dessous du banc et de la table, en examinant les deux de très près. Puis il se relève, sort le tiroir de la table et en inspecte attentivement tout le contenu: les cuillères, les fourchettes, la ficelle, etc. La vieille le regarde, mais ne dit rien.

Il va à l'âtre,° au coffre,° au buffet, au chaudron. Il remue tout, touche à tout, avec l'air de plus en plus inquiet.° Il se rend à l'évier,° prend le seau,° regarde dedans, le repose. Il va au lit, soulève l'édredon,° passe ses mains en-dessous, ôte le drap, soulève la paillasse,° remet le tout en place. La vieille, l'œil brillant de curiosité, le regarde mais ne dit toujours rien.

des semaines - weeks

---

s'entêtait persisted

ne cédait pas wouldn't give in

Le plus fort, c'est qu'elle a tenu parole. The best part is that she kept her word.

âneries foolish remarks

se l'avouer to admit it to himself

Saloperie Piece of junk

mal pris unhappy

ne démorde pas de son pari will not give up her bet

âtre fireplace
coffre chest
avec l'air de plus en plus inquiet looking more and more worried
évier sink
seau bucket
soulève l'édredon lifts the eiderdown
paillasse straw-filled mattress

Alors il va prendre la chaise, la traîne° jusqu'à l'armoire et monte dessus. Puis il ouvre l'armoire. L'armoire! la possession sacrée de la vieille, le vieux n'y est jamais allé! En quarante ans de mariage, jamais il ne s'est permis d'y aller. C'est là qu'elle garde tous les trésors du couple: les piles de linge bien plié,° les draps bien rangés,° avec l'habit de mariage du vieux, et ses robes à elle, jamais il n'y est allé. La vieille fait un pas, lève le bras, puis s'arrête.

Le vieux bouge les piles de draps, les prend à plein bras,° les sort de l'armoire et va les poser sur la table. Cette fois, c'en est trop. La vieille ne peut s'empêcher de crier:

— Mais enfin! bon sang!° Qu'est-ce que tu cherches comme ça, mon mari?

— Ta langue, répond le vieux, qui a gagné.

traîne drags

bien plié neatly folded
bien rangés neatly put away

les prend à plein bras takes armfuls of them

bon sang! good lord!

Exercices de compréhension

Avant la lecture

1. Avant de lire les deux versions de «Qui parlera le premier?» regardez l'illustration de chacun des deux textes et ensuite lisez la première phrase des premier et dernier paragraphes de chacun. Maintenant, répondez oralement aux questions suivantes:

    a. D'après vous, dans ces deux couples, est-ce qu'il y a eu une dispute?

    b. Est-ce qu'ils se sont disputés sur des sujets importants?

    c. Ces disputes ont-elles duré longtemps?

Lecture des deux textes

2. Donnez un sous-titre au premier paragraphe du premier conte, puis continuez votre lecture comme d'habitude. Faites de même pour le deuxième conte.

▌ 3. En faisant la lecture des deux textes, vous avez appris plusieurs nouveaux mots. En voici quelques-uns: **pari, muet, s'entêter, se quereller, à propos de rien, ménage, démordre.** Dans le passage qui suit, remplissez les espaces vides par le mot approprié. Il vous faudra conjuguer le verbe et/ou donner la forme voulue de l'adjectif ou du nom choisi.

    Mon frère et moi, quand nous étions plus jeunes, nous
    _____ tout le temps _____. Ni l'un ni l'autre ne
    voulait jamais _____, chacun _____ et voulait

avoir raison sur tout, toujours. Finalement, nous avons fait le
_____ de rester _____ pendant une heure. Pour
tous nos copains, pendant cette heure-là, nous avons vraiment eu
l'air bizarre: on aurait dit un vieux _____, toujours fâché!

4. Dans la phrase suivante, identifiez l'antécédent du pronom en italique:

Le vieux lui demandait-il quelque chose, elle *le* lui montrait ou lui
apportait ou le faisait, selon le cas, mais sans jamais dire un mot.

Ici, «le» se réfère:

a. à la femme

b. au mari

c. à quelque chose

5. Dans les phrases ci-dessous, choisies dans le texte, il faut trouver un
synonyme pour chaque expression en italique. Les mots choisis indiquent
l'ordre ou la cause des événements. *Note: il peut y avoir plus d'un bon choix pour
chaque expression en italique.* Choisissez un synonyme dans la liste ci-dessous:

à ce moment-là	avant
·ainsi	mais
alors	quelque temps après

Un peu plus tard, le roi et sa suite viennent chasser près de leur
cabane. La nuit les surprend dans le bois et leur lanterne vient à
s'éteindre. C'est *alors* qu'ils aperçoivent de la lumière au loin; c'est
la maison du jeune couple, *et* le roi y envoie son domestique
chercher de quoi éclairer sa lanterne.

6. Trouvez un synonyme pour les mots ou les phrases soulignés. Il vous
faudra conjuguer le verbe et/ou ajuster le reste de la phrase au temps ou au
genre du mot choisi.

1. deux jeunes <u>mariés</u>

2. <u>se sont trouvés obligés</u>

3. d'emprunter une petite <u>marmite</u>

4. L'autre ira <u>rendre</u> la marmite.

5. Ils <u>aperçoivent</u> de la lumière au loin.

6. Le roi y envoie son <u>domestique</u>.

7. Le roi décide d'aller <u>se rendre compte</u> par lui-même.

8. Ce sont de pauvres malheureux, il faut les <u>enlever</u> de là.

9. Tu as <u>perdu</u>, ma femme.

10. Tu as perdu, <u>ma femme</u>.

7. Choisissez dans la colonne de droite un antonyme pour chaque mot de la colonne de gauche.

vieux	se lever de table
ensemble	céder
s'entêter	jeune
passer à table	par-dessus
en-dessous	seul

8. Répondez aux questions suivantes, en employant vos propres mots.

   1. Pourquoi est-ce que le jeune couple s'est querellé?

   2. Pourquoi est-ce que le roi pensait que l'homme et la femme étaient fous?

   3. Pourquoi est-ce que le vieux couple s'est querellé?

   4. Est-ce que vous préférez leur querelle à celle du jeune couple? Pourquoi?

   5. Comment est-ce que le vieux s'y est pris pour faire enrager sa femme, et arriver à la faire parler?

9. Sujet de discussion en classe ou de composition par écrit à choisir parmi les sujets suivants:

   a. Malheureusement, il semble que trop souvent des querelles entre mari et femme, ou entre amis, commencent par des riens. Inventez sur papier une querelle qui commencerait, comme celles que vous venez de lire, par un rien.

   b. Avec un camarade de classe, rédigez puis racontez à voix haute une querelle de ménage ou une querelle entre amis.

   c. Imaginez que vous êtes le vieux de la deuxième histoire, et que vous vous promenez dans la maison en examinant tout, et en disant tout ce que vous faites à haute voix: vous commentez, vous dites tout ce que vous voyez et pensez.

X

CENDRILLON

L'héroïne est ainsi nommée à cause des cendres du foyer[1] où elle passe beaucoup de temps. Dans plusieurs variantes, on la nomme d'ailleurs la souillon° des cendres, ou la souillon du foyer. On trouve plusieurs versions de ce conte non seulement en France mais dans presque toute l'Europe. Ce conte est connu de la littérature écrite par la version qu'en a faite Perrault, où Cendrillon se fait connaître du prince à un bal plutôt qu'à l'église, version plus connue dans la tradition orale. Comme ce conte est plus long, j'en ai fait deux chapitres.

souillon drudge

Première partie

Il y avait une fois un veuf et une veuve° qui étaient voisins. Le veuf avait une fillette qui s'appelait Cendrillon et qui était d'une douceur et d'une bonté sans égales, en plus d'être bien jolie. Elle tenait ces qualités de sa mère qui avait été la meilleure personne du monde, en plus d'être la plus belle femme du village.

⇨   Un jour, le père de Cendrillon s'est remarié avec la veuve, et ensemble ils ont eu encore deux filles. Mais la belle-mère° détestait la fille de son mari. Elle la chargeait des plus basses besognes° de la maison et des champs. Ainsi, toute la semaine, la pauvre fille gardait les chèvres et les moutons.° Le

un veuf et une veuve a widower and a widow

la belle-mère the stepmother

besognes tasks

moutons sheep

---

[1] In the past, the fireplace would occupy a large recess in the wall and be high enough to admit a standing person. The fireplace itself would occupy the back wall, with the hearth extending into the room. There would often be benches on the side walls of the recess, so that people would literally sit in the ashes, doing household work or visiting in the evenings.

dimanche elle restait à la maison à faire la cuisine pendant que sa belle-mère et ses sœurs allaient à l'église. Sa belle-mère la faisait coucher par terre au grenier sur une méchante paillasse, alors qu'elle-même et les deux sœurs couchaient sous de gros édredons, dans de grandes et belles chambres ensoleillées. Elles avaient même de grands miroirs pour s'admirer des pieds à la tête.

Lorsqu'elle avait fini son ouvrage,° Cendrillon allait s'asseoir au coin de la cheminée, dans les cendres. Elle restait toujours à côté de l'âtre ou dans les champs avec les chèvres, et ne reparaissait qu'au moment des repas.

ouvrage work

Chaque semaine le père allait à la foire. Un jour, alors qu'il prend congé de ses filles, il leur pose cette question:

— Que voulez-vous que je vous rapporte, mes chéries?

— Je voudrais une jupe, papa.

— Je désire une robe.

— Et toi, mon petit Cendron?

— Une noix.°

noix walnut

Et Cendrillon retourne aussitôt auprès des cendres pour y continuer ses tâches. Le soir venu, le père fait la distribution des cadeaux.

— Voici ta jupe. Essaie-la donc, Cadette. Pour ma benjamine,° j'ai trouvé une robe ravissante. J'ai pensé aussi à toi, mon enfant, voici ta noix. C'est tout ce que tu voulais, n'est-ce pas?

benjamine youngest

— Que tu es sotte° de choisir une noix! lui dit sa belle-mère. Quand tu l'auras mangée, il ne te restera plus rien!

sotte silly

Le dimanche suivant, les deux sœurs de Cendrillon, très coquettes—c'est normal à cet âge—veulent se montrer en ville dans leurs belles robes.

— Cendrillon, veux-tu nous accompagner à la messe? demandent-elles hypocritement.

Mais Cendrillon, qui n'a pas d'habits convenables,° préfère rester à la maison. De toute façon, il faut qu'elle prépare le repas du dimanche. Et les jours continuent comme par le passé, sans aucun changement.

convenables appropriate

Quelque temps plus tard, leur père dit encore:

— Je retourne à la foire. Qu'est-ce que vous aimeriez que je vous rapporte, mes filles?

— Pour moi, une robe.

— Une jupe cette fois-ci, papa, s'il-te-plaît.

— Moi, je ne veux qu'une amande.°

amande almond

— En voilà une gourmande!° Tu n'es pas prévoyante,° Cendrillon, lui dit son père.

Puis la mère et ses filles se préparent pour aller à la messe.

— Viens-tu, Cendrillon? demande la belle-mère.

— Pas comme elle est habillée, en tout cas. Elle nous ferait honte,° maman, dit une des coquettes.

Une troisième fois, le père demande à ses filles de formuler leur souhait,° puisqu'il va encore à la foire.

Cette fois-ci, les plus jeunes portent leur choix sur un châle.°

— Pour moi, une noisette,° papa.

— Ça te remplira le ventre, mais une fois mangée, tu seras aussi bête qu'avant, ma pauvre fille. Va, tu ne changeras donc jamais. J'avoue que je ne te comprends pas, mais tu es bien bonne et tu nous aides beaucoup, ta belle-mère et moi.

Avec les cadeaux du père, les deux sœurs avaient maintenant une toilette complète. Cendrillon, quant à elle, n'avait songé ni à préparer la sienne, ni à la compléter. Elle n'avait absolument rien de convenable à se mettre. Il n'était donc pas question de la sortir, ni pour l'emmener à l'église, ni dans les grandes occasions.

La suite de ce conte se trouve au prochain chapitre.

gourmande one who likes sweets or food in general
prévoyante prudent

Elle nous ferait honte She would make us feel ashamed
formuler leur souhait to make their wish

portent leur choix sur un châle choose a shawl
noisette hazelnut

Exercices de compréhension

Avant la lecture

1. Avant de lire le conte, lisez-en le titre et regardez l'illustration qui l'accompagne. Ensuite, répondez oralement aux questions ci-dessous.

   a. Que signifie «Cendrillon»?

   b. Que fait la jeune fille dans l'illustration?

   c. D'après vous, l'illustration représente-t-elle une situation choisie au début du texte, au milieu, ou à la fin?

   d. Qu'est-ce que vous pensez qu'est le sujet du texte?

2. Vous trouverez plus bas deux colonnes de mots ou expressions choisis dans le texte.

   Cendrillon   méchante
   prince   église

66

belle-mère	jolie
sœurs	toilette
travail	cuisine

A partir de cette liste, pouvez-vous deviner si le conte porte sur:

a. l'histoire de la belle-mère qui va à l'église pour que ses filles rencontrent le prince et que Cendrillon sorte de la cuisine, ou

b. l'histoire du prince qui reçoit Cendrillon, la belle-mère méchante, et les sœurs dans son église, ou

c. l'histoire de Cendrillon vue par le prince à l'église, alors que sa belle-mère et ses sœurs pensent qu'elle travaille à la cuisine, ou

d. quelque chose d'autre que les choix donnés plus haut.

Lecture du texte

3. Faites une première lecture rapide du texte. Puis, oralement ou par écrit, donnez l'idée principale de chaque paragraphe marqué d'une ➪ dans le conte.

4. En faisant la lecture du texte, vous avez appris plusieurs nouveaux mots. En voici quelques uns: **cendre, noix, amande, gourmand, faire honte, prévoyant, convenable, coquet.** Dans le passage qui suit, remplissez les espaces vides par le mot voulu. Vous devrez faire l'accord et conjuguer les verbes, si nécessaire.

> Ah! tu es bien _____ de penser à emporter des
> _____ et des _____ en excursion. Mais c'est que
> tu es _____ aussi, tu aimes tellement manger! Mais Jean,
> lui, qui est si _____, et qui est toujours si bien habillé, est
> bien triste d'être tombé dans les _____. Il ne sera pas
> _____ et va nous _____ quand on arrivera à la
> maison. Les parents ne seront pas contents de le voir si sale.

5. Dans la phrase suivante, identifiez l'antécédent du pronom en italique.

> Sa belle-mère la faisait coucher au grenier sur une méchante paillasse, alors qu'*elle-même* et les deux sœurs couchaient sous de gros édredons...

Ici, «elle-même» se réfère à:

a. Cendrillon

b. la belle-mère

c. une des deux sœurs

■ 6. Dans le passage suivant, il faut trouver un synonyme pour chaque expression en italique. Les mots choisis indiquent l'ordre ou la cause des événements. *Note: il peut y avoir plus d'un bon choix pour chaque expression en italique.* Choisissez un synonyme dans la liste ci-dessous:

ainsi	c'est pourquoi	par conséquent
après	dès que	pour sa part
à présent	dorénavant	tout de suite

Avec les cadeaux du père, les deux sœurs avaient *maintenant* une toilette complète. Cendrillon, *quant à elle,* n'avait songé ni à préparer la sienne, ni à la compléter. *Donc* il n'était pas question de la sortir, ni pour l'emmener à l'église, ni dans les grandes occasions.

■ 7. Trouvez un antonyme pour les mots ou les phrases soulignés. Il vous faudra conjuguer le verbe et/ou donner la forme appropriée de l'adjectif ou du nom choisi.

1. Elle tenait ces qualités de sa mère.

2. Sa belle-mère la faisait coucher au grenier.

3. Le père allait régulièrement à la foire.

4. Elle-même et ses sœurs couchaient dans de grandes et belles chambres ensoleillées.

5. J'ai pensé aussi à toi, mon enfant.

8. Les phrases suivantes sont à compléter. Indiquez le ou les choix qui vous semble(nt) le(s) meilleur(s), dans l'esprit du texte que vous venez de lire.

1. Le père et la belle-mère de Cendrillon

   a. préféraient ses deux plus jeunes sœurs à Cendrillon.

   b. traitaient moins bien Cendrillon que ses deux sœurs.

   c. ne faisaient pas de différence dans leur traitement des trois filles.

2. Cendrillon ne voulait pas sortir de chez elle parce qu'elle

   a. n'avait pas de beaux vêtements.

   b. était trop sale.

   c. était timide.

   d. avait trop de travail.

   e. Aucun de ces choix n'est le bon.

   f. Tous ces choix sont bons.

3. Le père apportait des cadeaux à ses filles
   a. à chacun de ses voyages.
   b. pour leur faire plaisir.
   c. pour leur monter une garde-robe.
   d. parce que c'était leur anniversaire.
   e. A, b et c seulement sont vrais.
4. A la maison de Cendrillon,
   a. tout le monde avait de belles chambres ensoleillées.
   b. tout le monde dormait au grenier.
   c. seulement une personne dormait au grenier.
   d. seulement une personne avait une belle chambre.
9. Par écrit ou oralement, donnez une autre version de la première partie du même conte.

XI

CENDRILLON

Deuxième partie

Le dimanche est arrivé. Les deux cadettes et la mère ont assisté à la messe. Cendrillon, elle, est demeurée à la maison à préparer le repas. Une fois seule, elle a ouvert sa noix.

☞ En un instant, elle se retrouve vêtue d'une robe couleur des étoiles avec chaussures, coiffure,° et bijoux assortis, et elle se trouve transportée à l'église. Tout de suite à la fin de la messe, elle se lève et disparaît.

coiffure headdress

Ses sœurs rentrent, absolument émerveillées.°

émerveillées amazed

— Nous avons aperçu une beauté, Cendrillon.

— Certainement pas plus belle que moi, a-t-elle répondu.

— Quelle audace! Comment peux-tu dire ça, petite souillon des cendres?

☞ Or, ce jour-là justement, le fils du roi était à la messe. Il est séduit° par cette jeune inconnue° à la merveilleuse toilette.° Il ne la quitte pas des yeux. Comme tout le monde, il s'est émerveillé de sa beauté et de son allure.° Il aurait bien voulu lui parler à la sortie, mais n'a pas pu la rejoindre. Il la cherche de tous les côtés, s'informe un peu partout, mais personne ne peut le renseigner. Personne ne la connaît ou ne sait par où elle est passée. Le dimanche suivant, le prince s'est bien préparé. Il a disposé ses gardes° à l'entrée de l'église, et leur a demandé de la guetter.°

séduit captivated
inconnue stranger
toilette dress
allure bearing

Il a disposé ses gardes
He placed his guards
guetter to be on the lookout for

Ce dimanche-là, dès que ses deux sœurs et sa belle-mère partent, Cendrillon ouvre son amande. Ainsi, elle peut apparaître à la messe dans une toilette couleur de lune; sa robe brille si fort qu'on ne peut pas la regarder sans être ébloui. Le prince, naturellement, est aussi à l'église et l'admire de loin, mais vers la fin de la cérémonie, la jeune inconnue disparaît sans qu'une fois de plus personne n'ait pu ni lui parler, ni la joindre… Le prince est très triste. Tous ses efforts n'ont mené à rien.

— Petit cendrier, lui disent ses sœurs à leur retour, l'inconnue est revenue aujourd'hui et plus belle encore que l'autre fois.

— Certainement pas plus belle que moi, leur dit-elle encore une fois.

— Quelle impudence, Cendrillon!

Le prince, quant à lui, ne s'avoue pas vaincu.

— C'est à n'y rien comprendre, dit-il à ses gardes. Tâchez de° l'arrêter à sa prochaine visite.

Tâcher de Try to

Et il fait doubler le service d'ordre° à la prochaine grand'messe.°

service d'ordre body of guards
grand'messe high mass

Ce jour-là, précisément, Cendrillon ouvre sa noisette. Elle apparait dans un vêtement couleur du soleil. Dans l'église éclairée aux cierges,° l'éclat de sa toilette fait pâlir de jalousie toutes les femmes qui s'y trouvent, et les mille cierges qui pourtant brillent de tous leurs feux.° Sa robe à elle seule suffit pour éclairer l'église. Le prince, à force de la regarder et de l'admirer, en devient malade.

cierges (church) candles

brillent de tous leurs feux sparkle with all their might

Selon son habitude, elle sort juste avant la fin de la cérémonie. Mais, cette fois-ci, les gardes la voient s'enfuir.° L'un d'eux se précipite° et saisit quelque chose au passage.° C'est Cendrillon qui vient de perdre une de ses sandales de verre. Elle se dépêche° quand même pour reprendre sa place au coin du feu avant le retour de sa belle-mère et de ses sœurs.

s'enfuir to flee

se précipite rushes forward
au passage in passing
se dépêche hurries

➪ Pendant ce temps, le prince rapporte la pantoufle de verre au roi son père et lui raconte tout: les trois apparitions de la jeune fille, et son amour pour elle qui grandissait à chaque fois. Il déclare formellement à son père qu'il n'en épousera jamais une autre. C'est elle ou nulle autre. Alors, le roi fait entreprendre une enquête° dans tout le royaume pour retrouver la jeune fille au joli pied. Toutes les demoiselles du royaume doivent se rendre au palais royal pour essayer la précieuse sandale. Toutefois, aucune n'arrive à la passer. Elles ont toutes le pied trop long ou trop large.

fait entreprendre une enquête has an investigation undertaken

— N'oubliez personne au moins, se lamente le prince auprès de ses courtiers.°

courtiers court followers

Les courtiers et serviteurs du palais se rendent dans tout le pays pour s'assurer de voir toutes les filles du royaume. Mais, arrivés à la maison de Cendrillon, son père leur avoue:

— Nous avons bien une autre fille. C'est une souillon qui répond au nom de Cendrillon. D'ailleurs elle ne quitte la maison que pour se rendre aux champs, tant elle est sale et mal vêtue. Elle est bien gentille mais j'ai honte de vous la présenter. Non, vraiment, je n'ose pas.

— Nous l'emmenons quand même. Par ordre du prince! lui répondent les courtiers du roi.

Arrivée au palais, Cendrillon essaie la sandale qui lui va à merveille,° bien entendu.

lui va à merveille fits her perfectly

— Voilà celle à qui va la sandale, dit le roi. C'est elle qui épousera mon fils.

Cette annonce crée un grand émoi° dans toute la ville et le reste du royaume.

émoi excitement

— A partir d'aujourd'hui, vous êtes la fiancée du prince, lui dit-on.

— Je veux bien l'épouser, dit-elle, mais je veux d'abord rentrer chez moi pour y chercher mes toilettes.

Alors, Cendrillon rentre chez elle. Sa robe et ses parures° sont de retour dans leur modeste écrin.° Ses deux sœurs se précipitent sur elle.

parures finery
écrin casket

— Cendrillon, il paraît qu'on a enfin découvert la beauté que l'on cherchait depuis si longtemps.

— Est-elle ravissante? demande une des sœurs.

— On dit qu'elle portait une robe à l'éclat du soleil! dit l'autre.

— Certainement pas plus belle que moi! Cendrillon dit en riant.

Et, au grand étonnement des siens, Cendrillon a ouvert sa noisette et est apparue rayonnante comme l'astre du jour.° Sa belle-mère et ses sœurs, stupéfaites, ont assisté à ce changement extraordinaire et l'ont regardée partir. Après les avoir embrassées, ainsi que son père, Cendrillon a tendu sa main° au fils du roi, qui l'attendait avec un large sourire. Finalement, elle a épousé le prince, et ils ne se sont plus jamais quittés.

l'astre du jour the sun

a tendu sa main gave her hand

Exercices de compréhension

Avant la lecture

1. Avant de faire la lecture du conte, lisez le titre et regardez l'illustration. Ensuite, lisez la première phrase des paragraphes marqués d'une ⇨. Quel sera le sujet du conte d'après vous? Donnez votre réponse oralement ou par écrit.

2. Après une première lecture rapide du texte, revenez à chaque paragraphe marqué d'une ⇨ et donnez-en l'idée principale.

3. Dans ce texte, il y a des mots que vous ne connaissiez probablement pas avant votre lecture. En vous servant des mots donnés plus bas, créez un paragraphe, oralement ou par écrit, dans le même contexte que dans le conte, ou dans un contexte différent.

coiffure	allure
écharpe	pâlir de jalousie
toilette	parure

4. Dans le même esprit que l'exercice 2, donnez l'idée principale et les idées secondaires des paragraphes marqués d'une ⇨. N'écrivez pas de phrase complète, mais présentez plutôt ces idées sous forme de titre et de sous-titre.

5. Dans la phrase suivante, identifiez l'antécédent du pronom en italique:

> Et au grand étonnement des *siens,* Cendrillon a ouvert sa noisette et est apparue rayonnante comme l'astre du jour.

Ici, «siens» se réfère à:

a. ses parents et ses sœurs

b. ses animaux

c. son père et sa belle-mère

d. ses sœurs

6. Dans le passage suivant, il faut trouver un synonyme pour chaque expression en italique. Les mots choisis indiquent l'ordre ou la cause des événements. *Note: il peut y avoir plus d'un bon choix pour chaque expression en italique.* Choisissez un synonyme dans la liste ci-dessous:

à ce moment-là	cependant	mais
ainsi que	c'est pourquoi	malgré tout
alors	durant	par conséquent

Pendant ce temps, le prince rapporte la pantoufle de verre à son père et lui raconte tout: les trois apparitions de la jeune fille, et son amour pour elle qui grandissait à chaque fois. Il déclare formellement à son père qu'il n'en épousera jamais une autre. C'est elle ou nulle autre. *Alors,* le roi fait entreprendre une enquête dans tout le royaume pour retrouver la jeune fille au joli pied. Toutes les demoiselles du royaume doivent se rendre au palais royal pour essayer la précieuse sandale. *Toutefois,* aucune n'arrive à la passer. Elles ont toutes le pied trop long ou trop large.

7. Choisissez dans la colonne de droite un synonyme pour chaque mot en italique dans la colonne de gauche. Il vous faudra conjuguer le verbe et/ou donner la forme appropriée de l'adjectif ou du nom choisi.

elle *se dépêche*	chandelle
il aurait voulu *causer* avec elle	dire
dans l'église *éclairée*	illuminer
aux *cierges*	épouser
rejoindre	parler
il n'en *mariera* jamais une autre	se hâter
il lui *raconte* tout	rattraper

8. Répondez par une phrase complète, ou par un paragraphe, selon le cas.

1. Comment Cendrillon obtient-elle ses merveilleuses toilettes?

2. D'après vous, est-ce que Cendrillon veut qu'on la remarque?

3. Pourquoi s'enfuit-elle après toutes les messes?

4. Est-ce que le prince a de bonnes raisons de tomber amoureux d'elle?

5. D'après vous, est-ce que Cendrillon conserve de l'amour pour sa famille? Si oui, pourquoi? Si non, pourquoi?

9. Les phrases suivantes sont à compléter. Indiquez le choix qui vous semble le meilleur, dans l'esprit du texte que vous venez de lire.

1. Une robe couleur des étoiles

   a. se décrit avec beaucoup de difficultés.

   b. devrait être de couleur argentée.

   c. ne peut exister que dans un conte de fées.

   d. ne veut strictement rien dire.

   e. «A», «b» et «c» sont bons.

2. Le prince est

   a. séduit par la beauté de la jeune fille.

   b. séduit par la merveilleuse toilette de la jeune fille.

   c. séduit parce que c'est le printemps et que le soleil brille.

   d. «B» et «c» sont bons.

   e. «A» et «b» sont bons.

3. Dès la sortie de la messe,

    a. le prince s'est approché de Cendrillon.

    b. le prince n'a pas pu approcher de Cendrillon.

    c. Cendrillon est rentrée à la maison.

    d. Cendrillon a retrouvé ses sœurs et sa belle-mère.

    e. «A» et «d» sont bons.

    f. «B» et «c» sont bons.

4. Frustré de ne pas pouvoir approcher Cendrillon,

    a. le prince l'a fait arrêter.

    b. le prince s'est plaint à son père.

    c. le prince a fait une enquête.

5. Finalement, les courtiers ont emmené Cendrillon au palais

    a. essayer la sandale de verre.

    b. rencontrer le prince.

    c. se laver.

    d. montrer ses toilettes.

10. Sujet de discussion en classe ou de composition par écrit.

    Conteriez-vous cette histoire à vos enfants, ou son thème vous semble-t-il trop sexiste? Si vous décidiez de la conter, est-ce que vous y apporteriez des changements, et si oui, lesquels? ou est-ce que vous donneriez certains commentaires pour mettre le conte en perspective?

XII

CELUI QUI SAVAIT LE LANGAGE DES BÊTES

Voici un récit° très connu en Normandie et en Bretagne. Il nous vient probablement du Moyen Age catholique. Il ressemble aussi à l'histoire de Saint-François d'Assise. Si le jeune homme connaît le langage des animaux, c'est que la Bretagne et la Normandie sont de tradition druidique.[1]

récit story

Depuis son enfance,° le héros se prépare à occuper un poste important dans l'Église: il sera pape,° le plus haut poste de la religion catholique. Le mot pape avait une signification différente en Bretagne et en Normandie. Là, le mot «pape», comme le mot «druide», voulait dire: homme qui exerce le contrôle sur les animaux et les hommes.

enfance childhood
pape pope

Comme le conte est long, il est divisé en deux parties.

Première partie

⮕ Il était une fois un homme qui avait trois enfants, qu'il envoyait pensionnaire à l'école. Un jour, à la fin de l'année, quand ils sont revenus, il leur a demandé:

— Alors, avez-vous appris à lire et à écrire?

— Oui, papa, j'ai appris un petit peu, répond le premier.

Le deuxième dit:

— Moi aussi.

---

[1] The druidic religious order was found throughout Gaul, Britain, and Ireland prior to the Christianization of the Celts. The druids, or priests, had religious, pedagogical, judiciary, and political power and responsibilities.

— Et toi? demande le père au dernier.

— Moi? j'ai fait bien attention et j'ai appris le chant de la grenouille.°2

— Malheureux! le chant de la grenouille! Il y en a derrière chez nous, des grenouilles, tu n'avais pas besoin d'aller si loin pour apprendre ça! Et puis, en plus, ça ne sert à rien de chanter comme une grenouille. Ce que je veux, c'est que tu apprennes le français, le latin et les mathématiques. Ça, ce sont des choses qui sont utiles dans la vie. Allez! dit le père, encore à l'école! et l'année prochaine, malheur à toi° si tu n'apprends pas mieux que ça.

○ Voilà l'année d'après qui arrive, qui passe et qui se termine. Les trois enfants reviennent à la maison.

— Eh bien! avez-vous appris à lire et à écrire?

Les deux plus vieux répondent:

— Oui, papa, on a très bien appris.

— Et toi?, demande-t-il au dernier.

— Moi, j'ai appris le langage des chiens.

— Ah! malheureux! lui dit le père, l'année prochaine, je te change d'école. Tu iras à la ville, et on verra si tu ne réussis pas mieux là-bas.

○ Alors, voilà les trois frères qui passent encore une année à l'école. A la fin de l'année scolaire, ils reviennent passer l'été à la maison.

— Et alors! avez-vous appris quelque chose cette année?

— Oh! disent les aînés, ce n'est plus la peine de° nous envoyer à l'école: on en sait autant que le maître maintenant.

— Bon, d'accord. Vous allez rester à la maison. Et toi? demande-t-il au plus jeune.

— Moi, en étudiant bien fort, j'ai appris le langage des oiseaux, répond le dernier.

— C'est trop fort! je ne veux plus entendre parler de toi: tu me fais honte. J'ai voulu faire de toi un homme instruit,° mais toi, tout ce que tu veux apprendre, c'est le langage des bêtes. Tu aurais mieux fait de rester ici à la ferme à nous aider, ta mère et moi! Cette fois je ne veux plus te voir ni rien payer pour toi.

le chant de la grenouille the song of the frog

malheur à toi woe betide you

ce n'est plus la peine de there's no longer any point

instruit educated

---

2 Typically, a frog coasse, "croaks."

— Vous verrez, papa, lui dit le plus jeune des garçons, un jour vous serez obligé de° me verser° l'eau sur les mains pour que je me les lave.

— Ah! ça, c'est une sottise de trop!° Je vais te faire tuer pour te punir.

◇ Sa mère et ses frères ont intercédé pour lui, mais le père est quand même allé voir un voisin pauvre pour lui demander d'amener, pour de l'argent, son fils dans la forêt et de le tuer. Ce n'était pas une besogne que le voisin aimait beaucoup, cela va sans dire,° mais, comme il avait un grand besoin d'argent,° il a accepté. Rendu dans le bois, il s'est laissé attendrir° par le jeune garçon. Alors, au lieu de le tuer, il a tué une biche° dont il a rapporté le cœur au père pour prouver qu'il avait bien tué son fils.

Pourtant, avant de revenir à la ferme du père, il fait promettre au garçon de ne jamais revenir. Le jeune homme remercie beaucoup le voisin charitable et part à travers bois° du côté opposé à la maison de son père.

◇ En chemin, il rencontre deux pèlerins° qui voyagent dans la même direction. Ils commencent à lui parler.

— Où allez-vous comme ça, mon garçon?

— Je n'en sais rien° pour le moment. Et vous, messieurs?

— Nous allons à Rome. Il faut aller élire° un nouveau pape. Mais, où comptez-vous passer la nuit?

— Dans le bois probablement. Je n'ai pas d'argent, mais comme il fait beau, je n'ai pas peur d'avoir froid.

— Nous allons passer la nuit dans une maison près d'ici. Venez avec nous; il y aura bien de la place pour une troisième personne.

— Ce n'est pas de refus,° messieurs. Merci bien. Et le jeune homme continue son chemin avec les deux pèlerins.

◇ Arrivés à la maison, les hôtes lui donnent volontiers la permission de passer la nuit. Mais on lui recommande d'éteindre sa chandelle assez tôt, comme les chandelles coûtent cher et que le propriétaire° a peur du feu.

Le jeune homme, content d'avoir un toit sur la tête et de profiter de la belle soirée d'été, se met à la fenêtre, d'où il entend des chiens qui causent entre eux. Ce qu'ils disent lui paraît très intéressant.

La suite de ce conte se trouve au prochain chapitre.

---

vous serez obligé de you will have to
verser to pour
c'est une sottise de trop that's one stupid remark too many

cela va sans dire it goes without saying
il avait un grand besoin d'argent he greatly needed money
il s'est laissé attendrir he was moved to pity
biche doe

à travers bois through woods

pèlerins pilgrims

Je n'en sais rien I have no idea
élire elect

Ce n'est pas de refus I won't say no (to that)

propriétaire owner

Exercices de compréhension

1. Avant de faire la lecture du conte, lisez le titre et regardez l'illustration. Ensuite, lisez la première phrase des premier et dernier paragraphes. Quel sera le sujet du conte d'après vous? Donnez votre réponse oralement ou par écrit.

2. Répondez oralement aux questions ci-dessous.

   a. Pensez-vous que tous les enfants ont appris ce qu'ils auraient dû apprendre à l'école seulement?

   b. Y en a-t-il un qui a appris des choses différentes?

   c. Pensez-vous que son père est content de voir qu'il a appris ce qui ne s'apprend pas à l'école d'habitude?

   d. Conservez-vous toujours la même opinion sur le sujet du texte?

Lecture du texte

3. Choisissez un sous-titre pour chaque section du texte parmi les sous-titres donnés ci-dessous. Le début de chaque section est indiqué par une ▷.

   a. Le père entre dans une colère terrible et décide de faire tuer son fils

   b. Les résultats d'une deuxième année d'école

   c. La rencontre des pèlerins

   d. Les résultats d'une première année d'école

   e. Les résultats d'une troisième année d'école

   f. L'épisode de la forêt

   g. La première nuit

4. Dans ce texte, vous avez appris plusieurs mots nouveaux. En voici quelques uns: **enfance, malheur à (toi)(moi), sottise, désobéissance, engager la conversation, causer, être la peine de.** Dans le passage qui suit, remplissez les espaces vides par le mot approprié. Il vous faudra conjuguer le verbe et/ou donner la forme voulue de l'adjectif ou du nom choisi.

> Dans mon _____, _____, je me faisais toujours
> punir parce que je faisais toujours des _____. Une des
> choses qui m'étaient défendues était d'_____ avec des
> inconnus. Comme j'aimais beaucoup _____, je me
> faisais souvent attraper pour mes _____. Alors ce

n'_____ pas _____ demander de l'aide à mes frères ou sœurs, personne ne pouvait intercéder pour moi.

5. Maintenant, en vous servant des nouveaux mots donnés plus bas, composez un paragraphe, oralement ou par écrit, dans le même contexte que celui du conte, ou dans un contexte différent.

être obligé(e) de	ne plus entendre parler de
grand besoin d'argent	obstination
propriétaire	être de refus
coûter cher	

6. Dans la phrase suivante, identifiez l'antécédent du pronom en italique:

> Ce n'était pas une besogne que le voisin aimait beaucoup, *cela* va sans dire, mais comme il avait un grand besoin d'argent, il a accepté.

Ici, «cela» se réfère:

a. au voisin

b. au père

c. au garçon

d. à la besogne

e. au besoin d'argent

f. à aucun des choix précédents

7. Choisissez dans la colonne de droite un synonyme pour chaque mot de la colonne de gauche. Il vous faudra conjuguer le verbe et/ou donner la forme appropriée de l'adjectif ou du nom choisi.

récit	ressembler
s'apparenter	retourner
chant	aîné
il avait un grand besoin d'argent	histoire
ce n'est pas de refus	être nécessaire de
verser	être très pauvre
vous serez obligé de	accepter avec plaisir
revenir	faire couler
plus vieux	cri
ce n'est plus la peine de	devoir

8. Répondez par une phrase complète.

1. Qu'est-ce que le père voulait que ses enfants apprennent à l'école?

2. Est-ce qu'il y tenait beaucoup?

3. Est-ce que tous ses enfants lui ont obéi?

4. Qu'est-il arrivé à celui qui lui a désobéi?

5. Pensez-vous que les dons du plus jeune garçon vont lui servir à quelque chose?

9. Les phrases suivantes sont à compléter. Indiquez le choix qui vous semble le meilleur, dans l'esprit du texte que vous venez de lire.

1. En Bretagne, il y a très longtemps, les druides qui étaient des chefs religieux

   a. savaient parler aux animaux.

   b. avaient le contrôle sur les animaux et les hommes.

   c. parlaient français.

   d. «A» et «b» sont bons.

   e. «A», «b» et «c» sont bons.

2. L'aîné et le cadet

   a. vont à l'école pendant trois ans.

   b. apprennent le français, le latin et les mathématiques.

   c. voudraient bien rester à la ferme maintenant.

   d. Tous les choix sont bons.

   e. Aucun des choix n'est bon.

3. Le plus jeune

   a. parle français.

   b. parle le langage des grenouilles.

   c. connaît le parler des chiens.

   d. comprend les oiseaux.

   e. peut converser avec les chats.

   f. Tous ces choix sont bons, sauf «e».

10. Sujet de discussion en classe ou de composition par écrit.

Il vous reste encore la deuxième partie du conte à lire, mais dîtes-nous les raisons pour lesquelles il vous semble, au point de la lecture où vous êtes, que le plus jeune des garçons aurait, ou n'aurait pas, dû apprendre ce que son père lui demandait. *Pour cet exercice, assez court, on peut facilement diviser la classe en quelques groupes.*

XIII

Celui qui savait le langage des bêtes

Deuxième partie

⮑ Là-dessus, le propriétaire se rend compte que le garçon n'a toujours pas éteint sa chandelle et il envoie sa servante lui parler.

— Monsieur n'est pas content, dit la servante au jeune homme, une fois montée à sa chambre. Il vous demande d'éteindre tout de suite.° Pourquoi n'êtes-vous pas encore couché?

tout de suite right away

— J'écoute les chiens dans la cour. Ils se disent des choses très bizarres.°

bizarres strange

La servante trouve sa réponse très drôle, et va la répéter à son maître.

— Comment? il dit qu'il écoute les chiens. Ce doit être un fou et je n'en veux pas dans ma maison. Je veux voir ça de plus près. Fais-le descendre, je veux lui parler.

— Alors, jeune homme, lui dit-il, une fois que celui-ci est descendu à la salle, il paraît que° vous parlez aux chiens. Et bien, qu'est-ce qu'ils racontent?

il paraît que it seems that

— Que vous aurez cette nuit la visite de voleurs: ils sont en train de creuser° un tunnel pour arriver dans votre cave.° Les chiens sont enchaînés° et ne pourront rien faire contre eux. Ils sont tristes de ne pas pouvoir vous protéger comme ils le voudraient.

creuser to dig

cave cellar
enchaînés chained up

Le maître de maison ne rit plus du tout. Il fait lever toute la maisonnée,° fait examiner la cave, et prend les voleurs sur le fait.° Tous remercient le jeune homme profondément, car il les a sauvés d'une mort probable. Les pèlerins, quant à eux, sont bien impressionnés par ce jeune homme inconnu qu'ils ont rencontré dans la forêt.

maisonnée household

sur le fait red-handed

⮑ Le lendemain, les trois compagnons continuent leur route, et le soir, ils se trouvent encore à coucher dans une maison hospitalière.° Tout le monde mange. Puis on donne une chambre au jeune garçon, une chandelle, et puis on lui conseille de se coucher tôt et d'éteindre aussitôt.

hospitalière hospitable

Comme il l'a fait la nuit précédente, il se met à la fenêtre, commence à rêvasser,° et oublie d'éteindre. Ici encore, le propriétaire envoie un jeune serviteur lui parler.

rêvasser to muse

— Monsieur, lui dit celui-ci, il est temps de° vous coucher. Pourquoi êtes-vous encore debout?

il est temps de it is time to

— C'est que j'écoute les grenouilles dans la mare d'à côté.°

Le garçon n'en revient pas° et retourne en courant raconter à son maître la folle réponse de l'invité.

la mare d'à côté the nearby pond
n'en revient pas can't believe his ears

Après l'avoir fait descendre, le maître lui dit:

— Comment, qu'est-ce qu'on me dit? Vous écoutez les grenouilles chez vous?

— En effet,° je comprends ce qu'elles racontent.

En effet Indeed

— Et qu'est-ce qu'elles vous disent ainsi? dit le propriétaire en riant.

— Elles disent que vous avez une fille qui est muette.

— C'est malheureusement vrai.

— Mais savez-vous comment elle est devenue muette? Les grenouilles le savent, elles.

— Voyons donc! C'est impossible, ça. Il n'y a pas un médecin qui a pu me le dire.

— Ils ne pourraient pas le savoir. Votre fille est muette parce qu'elle a laissé tomber le denier du culte° dans la mare aux grenouilles, et l'argent est resté pris dans le gosier° de l'une d'elles. Tant qu'elle ne l'aura pas rendu, votre fille restera muette.

denier du culte church offering

gosier gullet

Alors l'homme attend le matin. Puis, il fait sortir toutes les grenouilles de la mare et les examine une à une. Il y en avait une plus grosse que les autres. Alors, le père lui demande d'ouvrir la bouche et de lui donner la pièce de monnaie qu'elle a dedans. La grenouille fait comme si elle n'entendait rien. Alors le père fait venir les pèlerins, mais elle ne leur répond pas non plus. Sur ce, le jeune homme s'approche et, dans le langage des grenouilles qu'il connaît bien, il lui dit:

— Voyons, grenouille, aide cette jeune fille à parler de nouveau et rends-nous la pièce de monnaie que tu as dans le gosier.

La grenouille la lui rend, et la jeune fille retrouve aussitôt la parole.

Vous pouvez imaginer la fête que l'on a faite au jeune homme. On voulait qu'il reste, mais les deux pèlerins avaient décidé de continuer leur voyage, et le jeune homme, lui, voulait toujours les accompagner.

☙ Puis les trois ont continué leur route jusqu'à Rome, un long voyage mais sans incident marquant,° sauf pour ceux dont on a déjà fait mention.

En arrivant à Rome, les pèlerins apprennent que l'élection papale va commencer. Comme ils ont chacun des espoirs de devenir pape, ils se dépêchent de rejoindre leurs confrères dans la salle du conclave.

Quant au jeune homme, que l'élection intéresse peu, il se rend dans un jardin et se promène tranquillement sous les arbres quand, soudain, il entend les oiseaux qui se font des commentaires sur l'élection en cours. Ce qu'il apprend là l'étonne beaucoup, l'étonne même tellement qu'il se fait répéter ce qu'il a entendu. Mais il n'en dit pas un mot à ses compagnons quand ceux-ci reviennent de leur réunion.

— Si je suis nommé pape, dit l'un d'eux, je te fais mon
    secrétaire.

— Et moi, dit l'autre, je te fais mon courrier.

Le jeune homme ne répond pas; il sait déjà à quoi s'en tenir.°

Le lendemain, les candidats à la papauté° doivent se réunir dans un jardin pour les élections. Le jeune homme s'y rend avec ses compagnons. Quand un nuage descendrait sur la tête d'une des personnes présentes, l'on saurait qui serait choisi pour gouverner l'Église. Au moment voulu, on voit en effet un nuage descendre et se poser sur la tête du jeune homme, et sur sa tête seulement.

Tout le monde a reconnu ainsi la volonté° de Dieu, et le jeune homme a été fait pape. Il avait appris des oiseaux ce qui l'attendait lorsqu'il avait été se promener seul sous les arbres.

☙ Il s'était passé bien des années depuis le jour où le père de Jean, en colère, avait renié° et fait tuer son troisième fils. Il ne s'en consolait pas et arrivait encore moins à se pardonner.

— Même si mon fils n'avait pas appris le français, ni le
    latin, ni les mathématiques, se disait-il, ce n'était pas
    une raison pour le faire tuer.

Bien entendu, il n'avait jamais eu de nouvelles de son fils, puisque celui-ci était sensé° être mort. Sa femme, elle, avait

incident marquant noteworthy incident

à quoi s'en tenir what to expect
papauté papacy

volonté will

renié disowned

sensé supposed

fini par mourir de chagrin, et ses deux autres fils avaient quitté la maison paternelle, fâchés avec leur père. Celui-ci était donc bien seul. Se sentant près de la mort, il est allé au village voir le prêtre et lui demander l'absolution pour son crime. Le prêtre a refusé de l'absoudre d'un si grand crime et l'a envoyé voir l'évêque.° Celui-ci lui a aussi refusé l'absolution et lui a dit d'aller voir le pape sans tarder,° car lui seul pouvait l'absoudre de ce péché monstrueux.

évêque bishop
sans tarder without delay

Alors, le père prend le chemin de Rome, où il arrive finalement, très fatigué, mais heureux de toucher au but° et de finalement pouvoir espérer le pardon. Mais il doit attendre que le pape puisse le recevoir—on ne voit pas le pape si facilement que ça! Après quelques mois d'attente, le pape le reçoit et reconnait aussitôt son père!

toucher au but to have the end in sight

— Père, je vous remercie d'avoir été si cruel avec moi, c'est grâce à vous° que je suis pape aujourd'hui!

On dit que ces paroles ont suffi à débarrasser° le père de son remords, et qu'il a reçu le pardon de son fils, le pape, sur le champ.°

grâce à vous thanks to you
débarrasser to relieve

sur le champ immediately

Exercices de compréhension

Avant la lecture

1. Regardez l'illustration de la deuxième partie du conte. Ensuite, avec les mots donnés plus bas, choisis dans le texte, essayez de deviner le contenu du conte.

pèlerin	arriver
pape	muette
oiseaux	élection
Rome	jeune homme

Pouvez-vous deviner, en vous basant sur ces mots, si dans le conte,

a. le jeune homme aide une fille muette à parler.

b. les oiseaux disent au jeune homme qu'il va être pape.

c. les pèlerins vont participer à l'élection du pape à Rome.

d. le jeune homme devient pape.

e. le jeune homme et les pèlerins mangent les oiseaux en s'en allant à Rome pour l'élection du pape.

f. Tous les choix sont bons, sauf «e».

Lecture du texte

2. Choisissez un titre et un sous-titre pour chaque section de texte parmi ceux donnés ci-dessous. Le début des sections est indiqué par une ⇨.

   a. Le garçon et le chant des grenouilles

   b. Ce que le garçon apprend des oiseaux

   c. Ce que devient sa famille

   d. Comment il redonne la parole à une fille

   e. Comment il se débarrasse des voleurs

   f. Ce que raconte les chiens

   g. L'absolution du père

   h. Le nouveau pape

3. Nous avons choisi dans le texte plusieurs mots et expressions, dont certains sont sûrement nouveaux pour vous. En voici quelques uns: **tout de suite, enchaîné, creuser, cave, mare, incident, s'empresser, accès de colère, mourir de chagrin, grâce à vous.** Dans le passage qui suit, remplissez les espaces vides avec le mot approprié. Il vous faudra conjuguer le verbe et/ou donner la forme voulue de l'adjectif ou du nom choisi.

> Isabelle et René sont amoureux. Le méchant père d'Isabelle, dans un _____, a fait _____ René au fond de la _____. La seule faute du malheureux jeune homme était de _____ être _____, un jour, de sauter dans la _____ chercher ce qu'Isabelle y avait laissé tomber. L'_____ avait marqué la jeune fille qui était tombée amoureuse du garçon. Alors elle lui a apporté des outils elle-même pour qu'il _____ un tunnel et sorte de la cave. Une fois libre, Isabelle et lui sont tombés dans les bras l'un de l'autre, et elle lui a dit: Ah! C'est _____ que je ne suis pas _____ et de peur!

4. En vous servant des mots donnés plus bas, faites une nouvelle phrase, oralement ou par écrit, dans le même contexte que le conte, ou dans un contexte différent.

muet	prévenir
bizarre	maisonnée
profondément	

5. Pour chacune des phrases suivantes, identifiez l'antécédent du pronom en italique:

> Là-dessus, le propriétaire s'est rendu compte que le garçon n'avait toujours pas éteint sa chandelle et il a envoyé sa servante *lui* parler.

Ici, «lui» se réfère:

a. au propriétaire

b. au garçon

> Tout le monde a remercié le jeune homme profondément, car il *les* avait sauvés d'une mort sinon certaine, du moins probable.

Ici, «les» se réfère:

a. au propriétaire et à sa servante

b. aux voleurs

c. à tout le monde

6. Dans le passage suivant, il faut trouver un synonyme pour chaque expression en italique. Les mots choisis indiquent l'ordre ou la cause des événements. *Note: il peut y avoir plus d'un bon choix pour chaque expression en italique, et chaque mot ou expression peut servir plus d'une fois.* Choisissez un synonyme dans la liste ci-dessous:

à ce moment-là	donc	par conséquent
à présent	ensuite	soudain
après	immédiatement	tout de suite

> Alors l'homme attend le matin. *Puis,* il fait sortir toutes les grenouilles de la mare et les examine une à une. Il y en avait une plus grosse que les autres. *Alors,* le père lui demande d'ouvrir la bouche et de lui donner la pièce de monnaie qu'elle a dedans. La grenouille fait comme si elle n'entendait rien. *Alors* le père fait venir les pèlerins, mais elle ne leur répond pas non plus. *Sur ce,* le jeune homme s'approche et, dans le langage des grenouilles qu'il connaît bien, il lui dit…

7. Trouvez un mot ou une expression synonyme pour remplacer les mots ou phrases soulignés. Il vous faudra conjuguer le verbe et/ou donner la forme appropriée de l'adjectif ou du nom choisi.

1. Il vous demande d'éteindre tout de suite.

2. Il paraît que vous parlez aux chiens.

3. Il a fait lever <u>toute la maisonnée</u>.

4. Ici encore, le propriétaire envoie un jeune serviteur le <u>prévenir</u>.

5. Tant qu'elle <u>ne l'aura pas rendu</u>, votre fille restera muette.

6. Si je suis <u>nommé</u> pape.

7. Il <u>est allé</u> au village.

8. Répondez par une phrase complète.

   1. Pourquoi les propriétaires tiennent-ils tant à ce qu'on éteigne les chandelles?

   2. D'après vous, pourquoi est-ce qu'on a enchaîné les chiens?

   3. Comment pensez-vous qu'on a attrapé les voleurs?

   4. Pourquoi la grenouille a-t-elle accepté de répondre au garçon et pas aux autres?

   5. Pourquoi est-ce que le père du jeune homme s'est rendu à Rome?

9. Sujet de discussion en classe ou de composition par écrit.

Dans la tradition druidique, qui précède la tradition catholique, on dit qu'un pape est chef des hommes et des animaux. Comme dans le texte notre héros est devenu pape parce qu'il comprenait les animaux, pensez-vous que ce don lui sera utile maintenant qu'il est pape? Donnez des exemples de l'utilisation qu'il peut faire de ce don.

XIV

NOUS TROIS
POUR DE L'ARGENT

*Même si ce n'est pas un des contes les plus connus en
France, j'ai pensé qu'il serait amusant de vous offrir,
pour terminer ce recueil, un conte qui devrait
toucher vos cordes les plus sensibles,° puisque vous
apprenez tous le français. Il est quand même à
espérer que vous ne connaîtrez pas les expériences
de ces pauvres garçons...*

toucher vos cordes les
plus sensibles
to appeal to your
innermost feelings

➪ Trois frères, qui étaient de l'étranger,° voulaient apprendre le français. Comme ils n'avaient pas beaucoup de
temps, ils se sont dit qu'il devait bien y avoir une façon facile
d'apprendre cette langue. Alors, le premier, l'aîné, a dit:

de l'étranger from
abroad

— Moi, je vais aller à la porte de l'école à côté apprendre
   à parler français, et ensuite, je pars.

Alors, il part se poster à° la porte de l'école, et il entend:
«Nous trois.» Tout de suite, il revient près de ses frères, et
leur dit:

se poster à to station
himself

— Et voilà! moi je sais parler français.

Ses frères lui disent:

— Eh bien, fais donc voir° un peu. Dis-nous quelque
   chose.

fais donc voir show us
then

Et il dit:

— Nous trois.

Alors, le second dit:

— C'est à mon tour, maintenant, moi aussi je vais apprendre. Ce n'est pas parce que tu es le plus âgé que tu
   vas apprendre plus vite que moi.

Et le deuxième s'en va lui aussi tendre l'oreille° à la porte
de l'école. Là, il entend la maîtresse° qui dit:

tendre l'oreille to prick
up one's ears
maîtresse teacher

— Pour de l'argent.

Alors il revient en courant annoncer à ses frères que lui aussi peut désormais° parler français.

Et comme on lui demande ce qu'il sait dire, il répond:

— Pour de l'argent.

Bon, alors, le dernier, qui ne veut pas être en reste,° dit lui aussi:

> — Je vais aller voir, moi aussi, et vous verrez: ce n'est pas parce que je suis le plus jeune que j'apprendrai moins vite que vous deux. J'ai les oreilles encore plus grandes que les vôtres; alors, je devrais apprendre plus vite. Eh bien, souhaitez-moi bonne chance!

▷ Sur ces mots, il part lui aussi coller l'oreille à° la fenêtre de l'école d'à côté, car la maîtresse, voyant les garçons venir se poster sur son perron, a fermé la porte. A force d'°écouter, lui aussi entend quelque chose. Et ce qu'il entend, c'est: «Comme de juste.» Tout de suite, il revient et dit à ses frères:

— Ça y est. Moi aussi, je sais parler français.

Alors, ils se disent:

— Maintenant, on peut partir. On sait parler français.

Et ils partent par monts et par vaux° et ils s'en vont bien loin. Là bas, ils trouvent un homme étendu en travers de la route. Il est mort. Alors, ils le tournent, le retournent, et se demandent bien ce qu'ils vont pouvoir en faire. Pendant ce temps, les gendarmes arrivent et leur demandent:

— Qui a tué cet homme?

Le premier, qui a appris à parler français, on s'en rappelle, répond:

— Nous trois.

Les gendarmes, continuant leur interrogatoire, reprennent de plus belle:

— Pourquoi l'avez-vous tué?

— Pour de l'argent, répond le deuxième.

— Eh! Oh! Vous méritez d'être punis, disent les gendarmes.

Et le troisième de répondre:

— Comme de juste.°

▷ Alors, les gendarmes les ont attachés et les ont amenés en prison. Là, le juge du coin voulait les faire pendre, mais lorsqu'il a su qu'ils ne pouvaient jamais répondre que «Nous trois», «Pour de l'argent», et «Comme de juste» à tout ce qu'on leur disait, il a dit:

> — Ils sont trop fous; ce n'est certainement pas eux qui

désormais from now on

être en reste to be outdone

coller l'oreille à to put his ear to

A force de By dint of

par monts et par vaux up hill and down dale

Comme de juste Of course

ont tué ce pauvre diable. Ce n'est pas la peine de les
garder. Alors, renvoyons-les.
Et c'est ce qu'ils ont fait.

L'histoire ne dit pas s'ils sont restés en France, ou s'ils se sont mis à
meilleure école° cette fois. Qu'en pensez-vous?

à **meilleure école** in
better hands

Exercices de compréhension

Avant la lecture

1. Avant de faire la lecture du conte, lisez le titre et regardez l'illustration.
   Ensuite, lisez la première phrase des premier et dernier paragraphes. Quel
   sera le sujet du conte d'après vous? Donnez votre réponse oralement ou par
   écrit.

2. Vous trouverez plus bas deux colonnes de mots ou expressions choisis dans le
   texte.

frère	gendarme
français	tué
nous trois	pour de l'argent
apprendre	punis
école	fous

   A partir de cette liste, pouvez-vous deviner le contenu du conte?

Lecture du texte

3. En faisant une première lecture rapide du texte, donnez oralement ou par
   écrit ce qui vous semble être l'idée principale des paragraphes marqués d'une
   ▷. Vous pourrez faire une lecture plus lente et plus détaillée du texte ensuite.

4. Nous avons choisi dans le texte plusieurs mots et expressions, dont
   certains sont sûrement nouveaux pour vous. En voici quelques uns:
   **cordes…sensibles, tendre l'oreille, par monts et par vaux, meilleure
   école, étranger.** Dans le passage qui suit, remplissez les espaces vides avec un
   de ces nouveaux mots.

   > Caruso avait les _____ vocales les plus _____ qui
   > se soient entendues de mémoire d'homme. Pour en arriver là, il
   > avait été à l'_____ à la _____ de chant qu'il avait
   > pu trouver. Il avait dû voyager _____ pour y arriver. Il
   > avait la voix si forte que personne n'avait besoin de _____
   > pour l'entendre.

5. Dans la phrase suivante, identifiez l'antécédent du pronom en italique:

> Et il revient en courant dire à ses frères que *lui* aussi peut parler français maintenant.

Ici, «lui» se réfère:

a. au plus vieux des frères

b. au plus jeune des garçons

c. au deuxième frère

6. Dans le passage suivant, il faut trouver un synonyme pour chaque expression en italique. Les mots choisis indiquent l'ordre ou la cause des événements. *Note: il peut y avoir plus d'un bon choix pour chaque expression en italique.* Choisissez un synonyme dans la liste ci-dessous:

à cet endroit-là	cependant	et
alors	depuis	soudain
après	donc	tout de suite

> *Et* ils partent par monts et par vaux et ils s'en vont bien loin. *Là bas,* ils trouvent un homme étendu en travers de la route. Il est mort. *Alors,* ils le tournent, le retournent, et se demandent bien ce qu'ils vont pouvoir en faire. *Pendant ce temps,* les gendarmes arrivent et leur demandent…

7. Choisissez dans la colonne de droite un synonyme pour chaque mot ou expression de la colonne de gauche. Il vous faudra conjuguer le verbe et/ou donner la forme appropriée de l'adjectif ou du nom choisi.

je pars	par ci, par là
dis-nous quelque chose	parler
le plus âgé	aîné
par monts et par vaux	s'en aller

8. Répondez par une phrase complète.

1. Les trois frères vous semblent-ils avoir un talent spécial pour les langues?

2. Auraient-ils pu choisir une meilleure façon d'apprendre le français? Laquelle?

3. Trouvez trois autres phrases qu'ils auraient pu apprendre et qui seraient drôles aussi.

4. Avoir de grandes oreilles pour apprendre le français, est-ce que ça vous paraît utile?

5. Pensez-vous que le juge a bien fait de les laisser aller?

6. Après leur mise en liberté, qu'est-ce que les trois frères ont fait d'après vous?

9. Les phrases suivantes sont à compléter. Indiquez le choix qui vous semble le meilleur, dans l'esprit du texte que vous venez de lire.

   1. Le frère aîné:

      a. est le chef des trois frères.

      b. est un criminel.

      c. a les cheveux blonds.

   2. Le deuxième frère:

      a. apprend aussi bien que les autres.

      b. n'entend pas bien.

      c. gagne beaucoup d'argent.

   3. Le frère le plus jeune:

      a. n'entre pas à l'école.

      b. est juste.

      c. parle à la maîtresse.

   4. Les gendarmes:

      a. trouvent les trois frères très drôles.

      b. pensent que les trois frères ont tué quelqu'un.

      c. comprennent les trois frères.

   5. Le juge:

      a. fait sortir les trois frères de prison.

      b. veut les faire pendre.

      c. pense que ce sont des fous.

      d. Tous les choix sont bons.

10. Sujet de discussion en classe ou de composition par écrit.

    Comment feriez-vous pour éviter les fautes qu'ont commises les trois frères qui venaient de l'étranger?

Vocabulaire

A

absoudre   to absolve
Acadie f   Acadia
acclamer   to acclaim
accrocher, s'   here, to hang on, to cling to
accueil m   welcome
accueillir   to welcome
accuser, s'   to confess (one's sins)
adieu m **faire (d')(ses) adieux**   to take one's leave
affable   gracious, affable, kindly
affaire f **faire des affaires**   to do business, to make deals
affoler, s'   to fall into a panic, to go off the deep end
agir, s'agir de   to concern, to be the matter
air m **avoir l'air de**   to look, seem; **air éveillé**   here, bright look
aîné(e)   the oldest (child)
allure f   bearing
amande f   almond
ânerie f   foolish remark
anneau m   ring
apaiser   to pacify, to calm
appareiller   to get under way
apparemment   apparently
apprendre   to learn
ardeur f   zeal
argent m **avoir un grand besoin d'argent**   to need money urgently
armateur m   ship-owner
associer, s'   to enter into a partnership (with someone)
assurément   assuredly
astre m **astre du jour**   here, the sun; otherwise, a heavenly body
âtre m   fireplace
attendrir   to move to pity, to touch (one's heart)
audace f   audacity, boldness
aussitôt dit, aussitôt fait   no sooner said than done
autant   here, as much
autrefois   a long time ago
aventurer, s'   to venture, to take risks
aventurier m   adventurer

avertissement m   warning
avouer   to confess
avouer, s'   to acknowledge to oneself

B

bagage m   luggage
bah!   nonsense!
banc m   bench
baptême m   baptism
barbaresque   from Barbary
barbu   bearded
bâton m   stick, rod
bec m **donner des coups de bec**   to peck
belle-mère   stepmother
benjamin(e) m-f   youngest (son or daughter); also an adjective
besogne f   task, job
bétail m   cattle
bête f   beast, animal; idiot, silly, stupid, foolish, unintelligent
biche f   doe
bien-aimé(e) m-f   beloved, noun and adjective
bique f fam   nanny-goat
bizarre   strange
blessure f   wound
bombarder   to shell
bon sang!   God's blood! more familiarly, God!
bord m **par-dessus bord**   overboard
boucle f   here, buckle
boue f   mud
boulette f   small ball, a culinary term
bourse f   purse
bout m **à, au, bout**   to the end; **être à bout**   to be exhausted, to be tired out
brave homme   good man
Bretagne f   Brittany
brillant(e)   shining
briller (de tous leurs feux)   to sparkle; here, to sparkle with all their might
brouillard m   fog
brume f   mist
brûlé(e), être brûlé(e) vi(f)(ve)   to be burnt alive
but m **toucher au but**   to have the end in sight

C

ça y est that's it
cabane *f* hut
cachette *f* **en cachette** secretly, on the sly
cadet(te) *m-f* the youngest of the family, when used as an absolute term
caillou *m* pebble
cargaison *f* freight, cargo
caser, se to settle down
casse-croûte *m* snack
catalan(e) Catalan, Catalonian
cause *f* **pour les besoins de la cause** for the sake of the cause
cave *f* cellar
cendre *f* **cendres du foyer** ashes in the hearth
censé(e) supposed
cerise *f* cherry
cerisier *m* cherry tree
céder to give up, give in
chagrin *m* sorrow
champ *m* field
champ *m* **sur le** immediately
change, perdre au change to lose in the trade
chant *m* song
chatouiller to tickle
chaudron *m* caldron
châle *m* shawl
chemin *m* **chemin faisant** on the way
chemineau *m* someone who lives on the road, often of larceny
cheminée *f* chimney
chemise *f* **se laisser prendre la chemise sur le dos** to give the shirt off one's back
chevalier *m* knight
chèvre *f* goat
choix *m* **porter son choix** to choose
ciel *m* here, heaven
cierge *m* candle used in church
cloche *f* bell
coffre *m* chest
cogner to knock, beat, thump
coiffure *f* hairstyle, also headdress
coin *m* **du coin** the local (inn)
colère *f* **se mettre en colère** to get angry
comme il faut properly

commentaire *m* comment
commissions *f* **faire les commissions** to do the errands
compagnie *f* presence; **tenir compagnie** to keep company
compréhensif understanding
compte, se rendre compte de to realize, understand
compter here, to expect
condition *f* **à condition que** on condition that
confesser to confess
congé *m* **prendre congé** to take one's leave
connaissance *f* **perdre connaissance** to faint
consoler, se consoler de to get over (something)
contenter, se contenter de to content (oneself) with
convenable suitable, appropriate
coq *m* rooster
coquet(te) *m-f* he (she) likes pretty clothes; also an adjective
coquillage *m* shellfish
corde *f* **toucher à vos cordes les plus sensibles** to appeal to your innermost feelings
cordonnier *m* cobbler
corsaire *m* corsair, pirate
côte-à-côte side by side
coup *m* **ce coup-là, ce coup-ci** that time, this time
coup *m* **coup d'œil** a wink (literally, the blow of an eye; here, used as a play on words)
cour *f* courtyard
courrier *m* messenger
courtier *m* court follower
couturière *f* seamstress
coûter to cost
craindre to fear
crédule credulous
creuser to dig, to excavate
crottin *m* dung
croyance *f* belief
cueillir to pick
cuillerée *f* spoonful
curé *m* parish priest

D

dauphin *m* dolphin
débarrasser to relieve (someone of something)
défunt(e) defunct, deceased; also a noun
délice *m* delight
démordre to let go of
denier *m* **denier du culte** here, church offering
dépêcher, se to hurry
dépens *m* **à ses dépens** at someone's expense
déployer, se here, to spread out
désespérément desperately
désinvolte unselfconscious, free, easy (manner)
désordre *m* disorder
désormais from now on
dessin *m* **faire un dessin (à quelqu'un)** to have to be very explicit
dévorer to devour
dire, cela va sans dire it goes without saying
disposer here, to set out, arrange
donnant, donnant give and take, tit for tat
doté here, gifted
douceur *f* sweetness
drôle here, strange, queer
druide *m* druid
druidique druidic

E

échapper, s' to escape; here, to slip from his fingers
éclair *m* streak of lightning
école *f* **à meilleure école** (to be) in better hands, to be well-trained
écorcher to flay, to skin
écrier, s' to exclaim, to cry out
écrin *m* jewel case
écu *m* crown (about three francs)
édredon *m* eiderdown
éducation *f* **avoir de l'éducation** to have good manners
effet *m* **en effet** as a matter of fact, indeed
élire to elect

embarquer, s' to get (oneself) aboard
émerveillement *m* amazement, wonder
émerveillé(e) amazed, wonder-struck
émoi *m* agitation, emotion
empêcher, s'empêcher de to prevent (himself from); **n'empêche** all the same, nevertheless
enchaîné(e) in chains, chained up
enfance *f* childhood
enfer *m* hell
enfuir, s' to run away, to flee
enjamber to step over (an obstacle)
enlacer to hug, to clasp in one's arms
ennui *m* boredom
ennuyé(e) bored, worried, annoyed
ensoleillé(e) sunny
entendre, entendre parler de quelqu'un here, to hear about someone
enterrement *m* burial
enterrer to bury
entêter, s' to persist
entreprendre to undertake
environ *m* **dans les environs** hereabout, thereabouts, in the neighborhood
épave *f* wreck
épuisé(e) exhausted
esprit *m* here, spirit
essoufflé(e) out of breath
étable *f* cowshed
éteindre to extinguish, to put out (a lamp or fire)
étrang(er)(ère) *m-f* stranger; also an adjective
étrangler to strangle
être en reste to be outdone
évêque *m* bishop
évier *m* sink
éviter here, to save you from
exprès, faire exprès to do something on purpose

F

fâché(e) angry
façon *f* **de toute façon** in any case
faire bonne table to eat well
faire mal to hurt
faire régime to diet
faire ses besoins to relieve oneself

faire voir   to show
fantôme *m*   ghost
fatidique   fateful
fée *f*   fairy
fer *m*   iron
fermi(er)(ère) *m-f*   farmer
festin *m*   feast
ficelle *f*   string, twine
fiente *f*   droppings (of birds or cattle)
fileu(r)(se)   spinner
fille *f*   daughter; also, girl; **aller aux filles, aller voir les filles** *fam*   to chase girls
foin *m*   hay
foire *f*   fair
force *f* **à force de**   by dint of
fort, le plus fort c'est que   the best part of it is that
fouiller   to search
frais   cool, fresh
frontière *f*   frontier, border
fumier *m*   manure

G

gars *m fam*   boy
gaulois(e)   Gallic
gentilhomme *m*   gentleman
gentillesse *f*   graciousness, engaging manner
gémir   to groan, moan, wail
gicler   to squirt
gifler   to slap someone's face
gosier *m*   throat, gullet
gourmand(e)   one who likes sweet things or food in general, greedy; also a noun
goûter   to taste, to take a bite of
grâce à   thanks to
grand'messe *f*   high mass
grand'voile *f*   mainsail
grange *f*   barn
gratter   to scratch
grenier *m*   attic
grenouille *f*   frog
griffer   to scratch, claw
grille *f*   gate
griller   to grill
grimper   to climb
grogner   to grunt
guère, ne...guère   hardly
guérir   to cure
guetter   to be on the lookout for

H

habitude *f* **avoir l'habitude de**   to be in the habit of
habitude, d'   as usual
haie *f*   hedge
haleine *f*   breath
héros *m*   hero
histoire *f* **faire des histoires**   to make a fuss
historiette *f*   short story
Holà!   Hallo!, Hey!
honnêteté *f*   honesty
honte *f* **faire honte à quelqu'un**   to embarrass someone, to make someone ashamed
hospitali(er)(ère)   hospitable
hôte *m*   host

I

impudence *f*   effrontery, impudence
inconnu(e) *m-f*   stranger; also an adjective
indiquer   to show
inhabité   uninhabited
inqui(et)(ète)   worried
instruit(e)   learned
interrogatoire *m*   examination, interrogation

J

jalousie *f* **pâlir de jalousie**   to grow pale with jealousy
jeu *m* **perdre au jeu**   to lose at gambling
jument *f*   mare
jurer   to swear, to curse
juste, comme de juste   naturally, of course

L

lâcher   to let go of
laine *f* **se faire manger la laine sur le dos**   to get fleeced
lamenter, se   to lament, to deplore
lesté(e)   weighed down
lieue *f*   league
logis *m*   dwelling
loup *m*   wolf

M

maisonnée *f* household
maître(sse) *m-f* teacher, or master/mistress
mal pris unhappy, in trouble
malchance *f* bad luck
malgré in spite of
malheur *m* **malheur à** woe betide
malin(-igne) cunning, smart, shrewd
manquer to lack
marchandise *f* merchandise
mare *f* pond
marécage *m* swamp
marmite *f* cooking pot
marquant, incident marquant noteworthy incident
mas *m* small farmhouse
méfiance *f* distrust, mistrust
mémoire *f* **à la mémoire de** in memory of
ménage *m* **faire ménage ensemble, être en ménage** to keep house (with someone); **faire bon ménage** to get along well together, to live happily together
merveille, aller à merveille to suit to a T
mettre, se mettre à to start to
mont *m* **par monts et par vaux** up hill and down dale
moquer, se moquer de to make fun of
mouiller, se to get wet
mousquetaires *m* musketeers
mouton *m* sheep
Moyen Age Middle Ages
muet(te) dumb
murmure *m* whisper

N

nager to swim
ne pas en revenir to not be able to get over (something)
ne pas quitter d'un poil to stick close to
noce *f* wedding party, wedding festivities
noisette *f* hazelnut
noix *f* walnut

O

ô O! or Oh!
obligé(e), être obligé(e) de to have to

offenser to offend
oie *f* goose
olivier *m* olive tree
or now, then
orage *m* thunderstorm
oreille *f* **coller l'oreille à** to put one's ear (to the window); **tendre l'oreille** to prick up one's ears
oreiller *m* pillow
ouais! humph!
ouvrage *m* work

P

paillasse *f* straw-filled mattress
paille *f* straw
paix *f* **aller en paix** to go in peace
papal(e) papal
papauté *f* papacy
pape *m* pope
paraître, il paraît que it seems that
pardonner, se pardonner to forgive oneself
parent(e) *m-f* parent; also an adjective
paresseu(x)(se) lazy
parfait(e) perfect
pari *m* bet
parier to bet, to wager
parole *f* spoken word, speech
parole, tenir parole to keep one's word
parrain *m* godfather
parure *f* here, finery; can also mean a set of jewels
pas *m* **d'un bon pas** at a good clip
pas mal de *fam* a lot of
passage *m* **au passage** in passing
paternel(le) paternal
patte *f* leg (on an animal)
paysan *m* peasant
Peau d'âne "the Donkey," in the version of the Brothers Grimm
péché *m* sin
peindre to paint
peine *f* **être la peine de** to be worth (the trouble, the inconvenience)
pelé(e) bald, hairless
pèlerin *m* pilgrim
péniblement laboriously, painfully
percher to perch, roost
père *m* **mon père** Father (title given to priests)

péripétie f ups and downs, adventures, mishaps

picorer to scratch about, to pick (of birds)

pincer to pinch

pitié f **prendre quelqu'un en pitié** to take pity on someone

plat m dish (here, the contents not the container)

plein les bottes fam to have had enough

pleurs m tears

plié(e) folded

plume f feather

point m **être sur le point de** to be about to, on the point of

poli(e) polite

porte-bonheur m good-luck charm, mascot, amulet

poster, se poster à to station oneself

poulailler m chicken coop

poule f **chair de poule** goose bumps

poulet m chicken

poussière f dust

prairie f meadow

précipiter, se to hurry

préoccuper, se préoccuper de to concern oneself with, to worry about

presbytère m presbytery

pressentiment m foreboding

prévenance f thoughtfulness

prévoyant(e) prudent

profondément deeply

propriétaire m owner

Q

quant à as for, as to

Québécois(e) m-f inhabitant of the Province of Québec, or of Québec City

quereller, se quereller to quarrel, to fall out (with)

quitte, être quitte to be quits, to be square, to be even

quitter d'un poil, ne pas quitter d'un poil to stick close to

R

raccommoder to mend, to repair

raison f **ne pas avoir toute sa raison** to be deranged, to be unhinged

ramasser to collect, to pick up

rangé(e) tidy, orderly

ras-le-bol, avoir ras-le-bol fam to be fed up

rattacher, se rattacher à to be connected to something

rattraper to catch, to recapture

ravissant(e) ravishing

rayonner to shine

récif m **récif de corail** reef, coral reef

récit m story

réclamer here, to claim (one's due); also, to complain

recommander to recommend, to enjoin

réconforter to comfort

recueil m here, collection of stories

réfugier, se to take refuge

refus, ce n'est pas de refus I can't say no to that

régaler, se to feast on, to treat oneself

réglé(e) settled, concluded

régner to reign

rejoindre to catch up with

remariage m second (or more) marriage

rembourser to reimburse

remords m remorse

renard m fox; **fin renard** a sly dog, a sly fox

renier to disown

répandre to spill, to run over (of a liquid)

reparaître to reappear

reproche m **sans reproche** blameless

résoudre, se résoudre à to make up one's mind to do something, to bring oneself to do something

retour m **sur le chemin du retour** on the way back

rêvasser to muse, to daydream

revenir, ne pas en revenir to not be able to get over (something)

rien, je n'en sais rien I have no idea

rôder to prowl

rosier m rosebush

rôtir to roast

rouler, se rouler dans to roll in

royaume m kingdom

rugir to roar

S

sacrer to curse
saigner to bleed
sain et sauf safe and sound
Saint-François d'Assise St. Francis of Assisi
saloperie *f fam* a thing of no value, rubbish (used as an expression of disgust)
sang *m* **prince de sang royal** prince of royal blood
sans arrêt all the time, without rest
saoul, tout son saoul all one's fill
sauvage wild
sauve-qui-peut "Danger! Get out!"
seau *m* bucket
séduire to seduce, to beguile, to captivate
semer to sow
sensé(e) supposed
service *m* **service d'ordre** body of officials responsible for the public order
siffler to whistle
sifflet *m* whistle
somme *m* **faire un somme** to nap, to take a nap
songer à to think about
sortir, se sortir de to get out of, to pull through
sot(te) *m-f* silly, stupid, foolish; also an adjective
sottise *f* stupidity, silliness, foolishness
soudain all of a sudden
souffrir to suffer
souhait *m* **formuler un souhait** to make a wish
souillon *f* slattern
soulever to lift
stupéfait(e) amazed, astounded, dumbfounded
sur le fait red-handed
surtout especially
survivre to survive
suspendre to hang

T

table *f* **faire bonne table** to eat well; **se mettre à table** to sit down at the table (for a meal); **la table mise** the table set
tâche *f* task
tâcher de to try to
tarder, sans without delay
tel(le) such
tellement so much, to such an extent
temps *m* **être temps de** to be time to; **la plupart du temps** most of the time
tendre tender
tendre la main to hold out one's hand
tenir à to be attached to (psychologically); **s'en tenir à** to confine oneself to, to content oneself with
tête *f* **ne pas avoir de tête** to be lacking in intelligence, to be witless; **tête-à-tête, en** alone together
tiens, voilà... here are...
tirer, tirer quelque chose de to drag, draw, or pull something out of (something or someone)
toilette *f* women's dress
tope-là!, or topez-là! done! agreed!
tort *m* **faire tort à** to wrong (someone)
tour *m* **jouer un tour** to play a trick
tout de suite right away, immediately
tracasser, se to worry
traîner to drag, pull along
train-train *m* **train-train quotidien** everyday routine
travers, à through
tripoter to paw
triste unhappy
troc *m* barter
troquer to barter

V

vaillamment valiantly
veillée *f* evening (spent in company)
verser to pour
vêtu(e) dressed
veu(f)(ve) *m-f* widow(er); also an adjective
vidéothèque *f* video club or video store
vie *f* **faire la vie dure à quelqu'un** to make life difficult for someone

vieillard *m*   old man
voile *f*   sail
voir, se faire bien voir   to show (oneself)
   to advantage
voisinage *m*   neighborhood

voix *f* **à haute voix**   out loud
volaille *f*   poultry, fowl
volonté *f*   will
vouloir du bien à quelqu'un   to wish
   someone well

Made in the USA
Lexington, KY
25 May 2018